SE 07

Curso
MAD360

*La diferencia entre aprobar
y sacar plaza*

Grupo Auxiliar de
Función Administrativa

SERVICIO EXTREMEÑO DE SALUD (SES)

Si aún no dispones de tu **Curso MAD360**, te ofrecemos un acceso GRATIS de 30 días para que disfrutes de los siguientes recursos:

AF212355

- Técnicas de Memoria 360.
- MADTEST: Test *online* Nivel PRO.
- Temario en formato digital.
- Vídeos.
- Esquemas.
- Planificación de estudio.
- Foro entre opositores hasta la fecha del examen.*
- Recursos y novedades exclusivas.
- Consulta sobre la oposición y el proceso selectivo.
- Actualizaciones legislativas (Boletines Oficiales) hasta 60 días antes de la fecha del examen.*

Para acceder a esta prueba del Curso MAD360** será necesaria la compra de todos los libros para esta especialidad de la edición 2025.

Regístrate en **mad.es/iniciar-sesion** y en la pestaña BIBLIOTECA valida los códigos que encuentras en la última página de tus libros.

NOTA IMPORTANTE:

* Examen de esta categoría profesional correspondiente a la convocatoria publicada en el DOE n.º 249, de 26 de diciembre de 2024, o hasta el 28 de febrero de 2026, lo que se cumpla antes, y previa renovación del servicio.

** El acceso al CURSO MAD360 estará disponible desde febrero de 2025 (algunos recursos podrían estar disponibles en fecha posterior). Tendrá una duración de 30 días RENOVABLES mediante pago, desde la validación de códigos, o hasta el 31 de agosto de 2026, lo que se cumpla antes.

MAD se reserva el derecho a ampliar dichas fechas.

Grupo Auxiliar de Función Administrativa del Servicio Extremeño de Salud (SES)

Febrero 2025

Grupo Auxiliar de Función Administrativa del Servicio Extremeño de Salud (SES)

Test del Temario

MAD

sie7e
EDITORES

Autores

DOMINGO GÓMEZ MARTÍNEZ
Licenciado en Derecho

PATRICIA PÉREZ SÁNCHEZ-ROMATE
Licenciada en Derecho

MARÍA JOSÉ ASQUERINO LAMPARERO
Profesora ayudante doctora Universidad de Sevilla

CARLOS TOJEIRO ALCALÁ
Ingeniero Informático
Titulado MCP de Microsoft

JOSÉ LUIS GARRIDO VELA
Licenciado en Derecho

MOISÉS CAYETANO RODRÍGUEZ
Licenciado en Historia
Master y Técnico Superior en Prevención de Riesgos Laborales

© 7 Editores Recursos para la Cualificación Profesional y el Empleo, S.L. (7 Editores)
© Los autores
Primera edición, febrero 2025 (188 páginas)
Derechos de edición reservados a favor de 7 Editores
IMPRESO EN ESPAÑA
Diseño Portada: 7 Editores
Edita: 7 Editores
Avda. San Francisco Javier, 9 · Edificio Sevilla 2 · Planta 11 · Módulos 25-27 · 41018 Sevilla
Teléfono: 954 784 411 · WEB: www.mad.es · e-mail: administracion@7editores.com
ISBN: 978-84-142-9213-6
© "Editorial Mad" y "Eduforma" son nombres comerciales registrados de
7 Editores Recursos para la Cualificación Profesional y el Empleo, S.L.

Índice

TEST DEL
TEMARIO COMÚN

La Constitución Española de 1978: características y estructura. Título Preliminar. Los derechos y deberes fundamentales

1. ¿En qué se fundamenta la Constitución Española?

a) En un Estado social y democrático de Derecho.
b) En la indisoluble unidad de la Nación española.
c) En la independencia de los poderes del Estado.
d) En la organización territorial del Estado.

2. Según el artículo 3 de la CE, el castellano es la lengua oficial del Estado y todos los españoles:

a) Tienen el deber de usar y el derecho de conocer el castellano.
b) Tienen el derecho y el deber de conocer el castellano.
c) Tienen el deber de conocer y el derecho de usar el castellano.
d) Tienen el derecho de conocer y usar el castellano.

3. La Constitución Española reconoce y garantiza el derecho a la autonomía:

a) De las nacionalidades que la integran.
b) De las regiones que la integran.
c) De las Comunidades Autónomas que la integran.
d) De las nacionalidades y regiones que la integran.

4. El Preámbulo de la Constitución:

a) Tiene en sí carácter de norma jurídica.
b) Es una declaración de intenciones, destinada a interpretar lo que se quiere alcanzar con el contenido normativo de la Constitución.
c) Se trata de un texto sin fuerza jurídica de obligar.
d) Las respuestas b) y c) son correctas.

5. Señala la respuesta correcta, respecto de la aprobación, ratificación y publicación de la Constitución Española:

a) Aprobada por las Cortes el 31 de octubre de 1978, ratificada por el pueblo en referéndum el 6 de diciembre de 1978 y publicada el 29 de diciembre de 1978.

b) Aprobada por las Cortes el 30 de octubre de 1978, ratificada por el pueblo en referéndum el 16 de diciembre de 1978 y publicada el 27 de diciembre de 1978.

c) Aprobada por las Cortes el 31 de octubre de 1978, ratificada por el pueblo en referéndum el 16 de diciembre de 1978 y publicada el 29 de diciembre de 1978.

d) Aprobada por las Cortes el 10 de octubre de 1978, ratificada por el pueblo en referéndum el 26 de diciembre de 1978 y publicada el 30 de diciembre de 1978.

6. ¿En qué parte de la Carta Magna se establece la exposición de motivos que impulsan la norma constitucional y los objetivos que con ella se pretenden alcanzar?

a) En el Título Preliminar.
b) En el Preámbulo.
c) En el Título I.
d) En el Título II.

7. La Constitución Española fue sancionada por:

a) El Rey.
b) El Presidente del Congreso.
c) Las Cortes Generales.
d) El Presidente del Gobierno.

8. ¿Cuáles de los siguientes españoles de origen pueden ser privados de su nacionalidad?

a) Exclusivamente los miembros de grupos terroristas.

b) Los miembros de grupos terroristas y los que atenten contra el Rey u otro miembro de la Casa Real.

c) Los que atenten contra un miembro de la Familia Real o del Gobierno de la Nación.

d) Ningún español de origen podrá ser privado de su nacionalidad.

9. Según la CE son fundamentos del orden político y la paz social:

a) La dignidad de la persona, los derechos violables que les son inherentes y el respeto a la ley.

b) La dignidad de la persona, el desarrollo limitado de la personalidad y el respeto a la ley.

c) El respeto a la ley, a los reglamentos administrativos y demás disposiciones legales.

d) La dignidad de la persona, los derechos inviolables que le son inherentes, el libre desarrollo de su personalidad, el respeto a la ley y a los derechos de los demás.

ARTE COMÚN. TEST N.º 1

10. ¿Cuál de los siguientes es considerado por la CE como uno de los valores superiores del ordenamiento jurídico?

a) La jerarquía normativa.
b) El pluralismo político.
c) La publicidad normativa.
d) La equidad.

11. La forma política del Estado español es:

a) Democracia parlamentaria.
b) Gobierno parlamentario.
c) Monarquía parlamentaria.
d) República democrática.

12. La parte de la CE que regula la estructura de los principales órganos del Estado recibe el nombre de:

a) Parte dogmática.
b) Parte orgánica.
c) Parte estatal.
d) Parte estructural.

13. Según la CE, la soberanía nacional:

a) Corresponde a las Cortes Generales, al estar compuestas por los representantes del pueblo.
b) Corresponde al Rey.
c) Reside en el pueblo español.
d) Corresponde al Gobierno de la Nación elegido directamente por el pueblo.

14. ¿En qué parte de la Carta Magna se señalan los valores superiores del ordenamiento jurídico?

a) En el Preámbulo.
b) En el Título Preliminar.
c) En el Título I.
d) Ninguna respuesta es correcta.

15. ¿Cuál de las siguientes es una de las características de nuestra Constitución de 1978?

a) Consensuada.
b) Corta.
c) Conservadora.
d) Originalidad.

16. Son el fundamento del orden político y de la paz social:

a) El libre desarrollo de la personalidad.
b) Los derechos inviolables que les son inherentes.
c) El respeto a la ley y a los derechos de los demás.
d) Todas las respuestas son correctas.

17. ¿Qué quedará excluido de extradición?

a) Los delitos criminales.
b) Los delitos políticos.
c) Los actos de terrorismo.
d) Ninguno.

18. ¿Qué debe ser democrático, a tenor de lo dispuesto en la Constitución Española, en los sindicatos de trabajadores y las asociaciones empresariales?

a) Su funcionamiento.
b) Su estructura interna.
c) Su funcionamiento y estructura interna.
d) Sus órganos asamblearios.

19. ¿De cuántos Capítulos consta el Título I de la CE de 1978?

a) De tres.
b) De cinco.
c) De dos.
d) De cuatro.

20. El derecho a la propiedad en nuestra Constitución es un Derecho:

a) Inherente a la condición humana.
b) Absoluto.
c) Que está limitado por la función social de la misma.
d) Ninguna de las respuestas anteriores es correcta.

En MADTEST tienes **más preguntas de este tema, comentadas y argumentadas**, y todos tus avances quedan registrados y se reflejan en el ranking.

¡Supera tus límites con MADTEST!

Solución al test n.º 1

1. b) En la indisoluble unidad de la Nación española.

2. c) Tienen el deber de conocer y el derecho de usar el castellano.

3. d) De las nacionalidades y regiones que la integran.

4. d) Las respuestas b) y c) son correctas.

5. a) Aprobada por las Cortes el 31 de octubre de 1978, ratificada por el pueblo en referéndum el 6 de diciembre de 1978 y publicada el 29 de diciembre de 1978.

6. b) En el Preámbulo.

7. a) El Rey.

8. d) Ningún español de origen podrá ser privado de su nacionalidad.

9. d) La dignidad de la persona, los derechos inviolables que le son inherentes, el libre desarrollo de su personalidad, el respeto a la ley y a los derechos de los demás.

10. b) El pluralismo político.

11. c) Monarquía parlamentaria.

12. b) Parte orgánica.

13. c) Reside en el pueblo español.

15. a) Consensuada.

16. d) Todas las respuestas son correctas.

17. b) Los delitos políticos.

18. c) Su funcionamiento y estructura interna.

19. b) De cinco.

20. c) Que está limitado por la función social de la misma.

El Estatuto de Autonomía de Extremadura:
Estructura y modificaciones. Título Preliminar. Las competencias.
Las instituciones de Extremadura

1. El Estatuto de Autonomía de Extremadura fue aprobado por:

a) Las Cortes Generales por la Ley 1/83, de 25 de febrero.
b) Las Cortes Generales por la Ley Orgánica 1/83, de 25 de febrero.
c) La Asamblea de Extremadura por la Ley 1/83, de 25 de febrero.
d) La Asamblea de Extremadura por la Ley Orgánica 1/83, de 25 de febrero.

2. La última de las reformas del Estatuto de Autonomía se realizó por:

a) Ley Orgánica 12/1999, de 6 de mayo.
b) Ley Orgánica 4/2002, de 11 de junio.
c) Ley Orgánica 1/2011 de 28 de enero.
d) Ley Orgánica 1/2011 de 24 de marzo.

3. El Estatuto de Autonomía de Extremadura consta de:

a) Un Título Preliminar, 7 Títulos, 7 Disposiciones Adicionales, 1 Disposición Derogatoria y una disposición Final.
b) Un Título Preliminar, 7 Títulos, 6 Disposiciones Adicionales y una disposición Final.
c) Un Título Preliminar, 6 Títulos, 2 Disposiciones Adicionales, 1 Disposición Derogatoria y una disposición Final.
d) Un Título Preliminar, 9 Títulos, 4 Disposiciones Adicionales y una disposición Final.

4. Las Instituciones de Extremadura se tratan en el:

a) Título Preliminar.
b) Título I.
c) Título II.
d) Título III.

5. El Título IV trata de:

a) La Junta de Extremadura.
b) La organización judicial.
c) La organización territorial.
d) Economía y Hacienda.

6. El Título Preliminar del Estatuto de Autonomía se desarrolla a lo largo de los:

a) Cinco primeros artículos.
b) Seis primeros artículos.
c) Siete primeros artículos.
d) Nueves primeros artículos.

7. Los Poderes de la Comunidad Autónoma de Extremadura emanan:

a) De la Constitución y del Estatuto.
b) Del Estado, de la Constitución y del Estatuto.
c) Del Pueblo, de la Constitución y del Estatuto.
d) De la Constitución española.

8. Son elementos diferenciales de Extremadura, y han de orientar la actuación de los poderes públicos:

a) La vitalidad de su reciente identidad colectiva, la calidad de su medio ambiente y su patrimonio cultural, así como el predominio del mundo rural.
b) Su proyección en Portugal e Iberoamérica.
c) Los condicionantes históricos de su desarrollo socioeconómico y la baja densidad de su población y su dispersión, entendida como dificultad relativa de acceso a los servicios y equipamientos generales.
d) Todos los anteriores.

9. De acuerdo con el Estatuto, gozan de la condición política de extremeños:

a) Los ciudadanos españoles que, de acuerdo con las Leyes generales del Estado, tengan vecindad administrativa en cualquiera de los municipios de Extremadura.
b) Los ciudadanos españoles residentes en el extranjero que hayan tenido la última vecindad administrativa en Extremadura y acrediten esta condición en la correspondiente representación diplomática de España.
c) Los descendientes inscritos como españoles, si así lo solicitan en la forma que determina una Ley del Estado.
d) Todos ellos.

10. De acuerdo con el artículo 7, los poderes públicos regionales:

a) Ejercerán sus atribuciones con las finalidades primordiales de promover las condiciones de orden social, político, cultural o económico, para que la libertad y la igualdad de los extremeños, entre sí y con el resto de los españoles y europeos, sean reales y efectivas.

b) Perseguirán un modelo de desarrollo social capitalista y cuidarán de la preservación y mejora de la calidad medioambiental y la biodiversidad de la región, con especial atención a sus ecosistemas característicos, como la dehesa.

c) Favorecerán medidas para el gasto energético y apoyarán la generación de energías renovables.

d) Velarán por la especial protección de aquellos sectores de población con especiales necesidades de cualquier tipo.

11. El Estatuto de Autonomía recoge la Asamblea de Extremadura en el:

a) Capítulo I del Título II.
b) Capítulo II del Título II.
c) Capítulo I del Título I.
d) Capítulo III del Título III.

12. De acuerdo con el artículo 16.2, corresponde a la Asamblea de Extremadura:

a) Realizar los Presupuestos de la Comunidad Autónoma y autorizar el recurso al crédito público, en los términos del Título VI de este Estatuto.

b) Ejercer el control de los medios de comunicación social dependientes de la Comunidad Autónoma.

c) Designar de entre los diputados de la Asamblea a los diputados a que se refiere el artículo 69.5 de la Constitución tras las elecciones autonómicas.

d) Todas las anteriores.

13. Los miembros de la Asamblea de Extremadura serán elegidos por sufragio universal, libre, igual, directo y secreto, de acuerdo con criterios de representación proporcional:

a) Siendo un número entre 50 y 70.
b) En número máximo de 65.
c) Siendo un número entre 65 y 70.
d) En número máximo de 60.

14. La sesión constitutiva de la Asamblea electa será convocada por el Presidente cesante dentro de los:

a) Diez días siguientes a la celebración de las elecciones.
b) Quince días siguientes a la celebración de las elecciones.

c) Veinte días siguientes a la celebración de las elecciones.
d) Treinta días siguientes a la celebración de las elecciones.

15. En todo caso, las iniciativas legislativas que se presenten por la vía popular deberán estar avaladas por al menos:

a) 35.000 firmas acreditadas del censo para las elecciones a la Asamblea.
b) 40.000 firmas acreditadas del censo para las elecciones a la Asamblea.
c) 45.000 firmas acreditadas del censo para las elecciones a la Asamblea.
d) 50.000 firmas acreditadas del censo para las elecciones a la Asamblea.

16. La Presidencia se trata en el Estatuto de Autonomía en el:

a) Capítulo II del Título I.
b) Capítulo II del Título II.
c) Capítulo II del Título III.
d) Capítulo III del Título II.

17. El candidato a Presidente de la Junta de Extremadura es propuesto por el:

a) Anterior Presidente de la Comunidad Autónoma.
b) Rey.
c) El Presidente de la Asamblea de Extremadura.
d) El grupo político con mayor representación.

18. El candidato propuesto presentará su programa a la Asamblea dentro de:

a) Los 15 días siguientes a su designación.
b) El mes siguiente a su designación.
c) Los 7 días siguientes a su designación.
d) Los 10 días siguientes a su designación.

19. Como Presidente de la Junta de Extremadura le corresponde al Presidente:

a) Ejercer la representación de Extremadura en sus relaciones con las instituciones del Estado, con otras Comunidades Autónomas y con las demás administraciones públicas, y en el ámbito internacional cuando proceda.
b) Asegurar en el ámbito de la Comunidad Autónoma el respeto al orden constitucional y al resto del ordenamiento jurídico, adoptando las medidas que fuesen necesarias en el marco de las competencias que le son propias.
c) Establecer, de acuerdo con su programa político, las directrices generales de la acción de gobierno e impulsar, dirigir y coordinar la acción del mismo.
d) Convocar elecciones a la Asamblea de Extremadura, la sesión constitutiva de esta y, en su caso, disolverla en los términos previstos en este Estatuto.

20. Si la Asamblea negara su confianza al Presidente de la Junta, éste presentará su dimisión ante aquélla, cuyo Presidente convocará, la sesión plenaria para la elección de nuevo Presidente, en el plazo máximo de:

a) Cinco días.
b) Diez días.
c) Quince días.
d) Un mes.

En MADTEST tienes **más preguntas de este tema, comentadas y argumentadas**, y todos tus avances quedan registrados y se reflejan en el ranking.

¡Supera tus límites con MADTEST!

Solución al test n.º 2

1. b) Las Cortes Generales por la Ley Orgánica 1/83, de 25 de febrero.

2. c) Ley Orgánica 1/2011 de 28 de enero.

3. a) Un Título Preliminar, 7 Títulos, 7 Disposiciones Adicionales, 1 Disposición Derogatoria y una disposición Final.

4. c) Título II.

5. c) La organización territorial.

6. c) Siete primeros artículos.

7. c) Del Pueblo, de la Constitución y del Estatuto.

8. d) Todos los anteriores.

9. d) Todos ellos.

10. d) Velarán por la especial protección de aquellos sectores de población con especiales necesidades de cualquier tipo.

11. a) Capítulo I del Título II.

12. b) Ejercer el control de los medios de comunicación social dependientes de la Comunidad Autónoma.

13. b) En número máximo de 65.

14. b) Quince días siguientes a la celebración de las elecciones.

15. c) 45.000 firmas acreditadas del censo para las elecciones a la Asamblea.

16. b) Capítulo II del Título II.

17. c) El Presidente de la Asamblea de Extremadura.

18. a) Quince días siguientes a su designación.

19. c) Establecer, de acuerdo con su programa político, las directrices generales de la acción de gobierno e impulsar, dirigir y coordinar la acción del mismo.

20. c) Quince días.

TEST N.º 3

El Estatuto Marco del Personal Estatutario de los Servicios de Salud: Normas generales. Clasificación del personal estatutario. Derechos y deberes. Adquisición y pérdida de la condición de personal estatutario fijo

1. El personal estatutario con nombramiento expedido para el ejercicio de una profesión o especialidad sanitaria se denomina:

a) Personal sanitario.
b) Otro personal.
c) Personal de mantenimiento.
d) Personal de gestión y servicios.

2. El personal estatutario con nombramiento expedido para el desempeño de funciones de gestión o para el desempeño de profesiones u oficios que no tengan carácter sanitario se denomina:

a) Personal universitario.
b) Personal de gestión y servicios.
c) Personal directivo.
d) Personal administrativo.

3. Según establece el art. 8 de la Ley 55/2003, de 16 de diciembre, del Estatuto Marco de los Servicios de Salud, es personal estatutario fijo:

a) El que, una vez superado el correspondiente proceso selectivo, obtiene un nombramiento para el desempeño, con carácter permanente, de las funciones que de tal nombramiento se deriven.
b) Todo el personal al servicio de los Servicios de Salud.
c) El personal que realice una prestación de servicios determinados de naturaleza temporal, coyuntural o extraordinaria.
d) El personal en posesión de un contrato laboral indefinido.

4. Conforme al artículo 9.1 del Estatuto Marco (*en redacción dada por el Real Decreto-ley 12/2022, de 5 de julio, por el que se modifica la Ley 55/2003, de 16 de diciembre, del Estatuto Marco del personal estatutario de los servicios de salud*) los nombramientos del Personal Estatutario Temporal de los Servicios de Salud serán:

a) Únicamente de Personal Estatutario Sanitario.
b) Personal Estatutario Contratado.
c) De interinidad.
d) Como Personal Laboral.

5. Conforme a lo dispuesto en el artículo 2.2 de la Ley 55/2003, de 16 de diciembre, del Estatuto Marco del personal estatutario de los servicios de salud, en lo no previsto en la misma serán aplicables al personal estatutario:

a) Las disposiciones y principios generales sobre función pública de la Administración correspondiente.
b) Las disposiciones de derecho laboral, dictadas al amparo del artículo 149.1.7º de la Constitución.
c) Las disposiciones sobre función pública de la Administración del Estado, en todo caso, conforme a lo dispuesto en el artículo 149.3 de la Constitución.
d) El convenio colectivo del personal laboral al servicio de la Administración correspondiente.

6. Conforme al artículo 6.2 de la Ley 55/2003, de 16 de diciembre, del Estatuto Marco del personal estatutario de los servicios de salud, atendiendo al nivel académico del título exigido para el ingreso, el personal estatutario sanitario de formación profesional se divide en:

a) Técnicos sanitarios y Auxiliares de Enfermería.
b) Técnicos superiores y Técnicos.
c) Técnicos superiores y Técnicos de gestión.
d) Técnicos especialistas y Técnicos.

7. La categoría profesional de Celador está comprendida dentro del grupo de:

a) Personal de gestión y servicios.
b) Personal no estatutario.
c) Personal estatutario sanitario.
d) Personal estatutario de formación profesional.

8. Es personal Estatutario Sanitario:

a) El que ejerce una profesión o especialidad sanitaria.
b) El que ostenta esta condición en virtud de nombramiento expedido para el ejercicio de una profesión o especialización sanitaria.

c) El que desempeña una categoría clasificada como sanitaria.

d) Quien ejerza una profesión sanitaria sin ostentar la condición de funcionario.

9. El personal Estatutario de Gestión y Servicio se clasifica en función del título exigido para el ingreso en:

a) Personal de formación universitaria, personal de formación personal y otro personal.

b) Personal universitario, personal de formación profesional y personal subalterno.

c) Personal licenciado universitario, personal de administración y personal auxiliar.

d) Ninguna es correcta.

10. El Estatuto Marco del Personal Estatutario de los Servicios de Salud está regulado por:

a) Una Ley orgánica.

b) Una Ley ordinaria.

c) Un Real Decreto.

d) Un Reglamento.

11. No constituye un derecho individual del personal estatutario:

a) La estabilidad en el empleo.

b) La movilidad voluntaria.

c) El descanso necesario.

d) La negociación colectiva.

12. El régimen de derechos del personal estatutario será aplicable al personal temporal:

a) En la medida en que la naturaleza del derecho lo permita.

b) En todo caso.

c) En ningún caso.

d) Solo cuando así se establezca en su nombramiento.

13. En relación con los derechos y deberes regulados en el Estatuto Marco, no se considera un derecho colectivo:

a) La huelga.

b) La actividad sindical.

c) La reunión.

d) La estabilidad en el empleo.

14. Entre los siguientes derechos que le reconoce el Estatuto Marco al personal estatutario, ¿cuál de ellos no tiene el carácter de derecho individual?

a) La estabilidad en el empleo.
b) El respeto a la dignidad e intimidad personal en el trabajo.
c) La formación continuada adecuada a la función desempeñada.
d) La inamovilidad del puesto de trabajo.

15. El personal estatutario de los servicios de salud tiene el deber de:

a) Participar en la elaboración de los convenios colectivos.
b) Realizar sus funciones fuera del horario y jornada habitual.
c) Realizar actividades sindicales.
d) Respetar la Constitución, el Estatuto de Autonomía correspondiente y el resto del ordenamiento jurídico.

16. Según el Estatuto Marco del Personal Estatutario de los Servicios de Salud, ¿cuál de los siguientes es un derecho colectivo?

a) Derecho a la percepción puntual de las retribuciones e indemnizaciones por razón del servicio en cada caso establecidas.
b) Derecho a la libre sindicación.
c) Derecho a la movilidad voluntaria, promoción interna y desarrollo profesional, en la forma en que prevean las disposiciones en cada caso aplicables.
d) Derecho a la jubilación en los términos y condiciones establecidas en las normas en cada caso aplicables.

17. Conforme al artículo 5 de la Ley 55/2003, de 16 de diciembre, el personal estatutario de los Servicios de Salud, se clasifica con diferentes criterios, atendiendo:

a) A la función desarrollada; al nivel del título exigido para su ingreso; y al tipo de contrato.
b) Al nivel del título exigido para su ingreso; y al tipo de nombramiento.
c) A su carácter de propietario, interino o eventual.
d) A la función desarrollada; al nivel del título exigido para su ingreso; y al tipo de nombramiento.

18. En el supuesto de existencia de plaza vacante, son estatutarios interinos los que, por razones expresamente justificadas de necesidad y urgencia, son nombrados como tales con carácter temporal para el desempeño de funciones propias de estatutarios, cuando no sea posible su cobertura por personal estatutario fijo, durante un plazo máximo de:

a) Dos años.
b) Tres años.

c) Cuatros años.
d) Seis años.

19. La Ley 55/2003 del Estatuto Marco de Personal Estatutario de los Servicios de Salud es de aplicación:

a) Al personal estatutario que integra las profesiones sanitarias.

b) Al personal estatutario que desempeña su función en los centros e instituciones sanitarias de los servicios de salud.

c) Al personal funcionario de los servicios de salud de las Comunidades Autónomas.

d) Al personal sanitario, excluyendo el personal de gestión y servicios.

20. El Estatuto Marco del personal estatutario considera a este personal como titular de una relación:

a) Funcionarial común.
b) Laboral común.
c) Estatutaria de la Seguridad Social.
d) Funcionarial especial.

En MADTEST tienes **más preguntas de este tema, comentadas y argumentadas**, y todos tus avances quedan registrados y se reflejan en el ranking.

¡Supera tus límites con MADTEST!

Solución al test n.º 3

1. a) Personal sanitario.

2. b) Personal de gestión y servicios.

3. a) El que, una vez superado el correspondiente proceso selectivo, obtiene un nombramiento para el desempeño, con carácter permanente, de las funciones que de tal nombramiento se deriven.

4. c) De interinidad.

5. a) Las disposiciones y principios generales sobre función pública de la Administración correspondiente.

6. b) Técnicos superiores y Técnicos.

7. a) Personal de gestión y servicios.

8. b) El que ostenta esta condición en virtud de nombramiento expedido para el ejercicio de una profesión o especialización sanitaria.

9. a) Personal de formación universitaria, personal de formación personal y otro personal.

10. b) Una Ley ordinaria.

11. d) La negociación colectiva.

12. a) En la medida en que la naturaleza del derecho lo permita.

13. d) La estabilidad en el empleo.

14. d) La inamovilidad del puesto de trabajo.

15. d) Respetar la Constitución, el Estatuto de Autonomía correspondiente y el resto del ordenamiento jurídico.

16. b) Derecho a la libre sindicación.

17. d) A la función desarrollada; al nivel del título exigido para su ingreso; y al tipo de nombramiento.

18. b) Tres años.

19. b) Al personal estatutario que desempeña su función en los centros e instituciones sanitarias de los servicios de salud.

20. d) Funcionarial especial.

Ley de Salud de Extremadura: objeto, ámbito y principios rectores. El Sistema Sanitario Público de Extremadura: disposiciones generales y derechos y deberes de los ciudadanos respecto al Sistema Sanitario. Los Estatutos del Organismo Autónomo Servicio Extremeño de Salud

1. Es objeto de la Ley 10/2001, de 28 de junio, de Salud de Extremadura:

a) El reconocimiento de la protección de la salud en la Comunidad Autónoma de Extremadura.

b) La creación del Servicio Extremeño de Salud.

c) La universalización de la atención sanitaria en el ámbito de la Comunidad Autónoma de Extremadura.

d) La regulación de la Tarjeta Sanitaria en el ámbito de la Comunidad Autónoma de Extremadura.

2. Siguiendo el artículo 3 de la Ley 10/2001 de Salud de Extremadura, uno de sus principios rectores es la concepción integral de la salud:

a) Así como de su coordinación, descentralización, autonomía y responsabilidad.

b) Garantizando la igualdad efectiva en las condiciones de acceso a los servicios y actuaciones sanitarias.

c) Incluyendo actuaciones de promoción, prevención, asistencia, rehabilitación e incorporación social.

d) En la asignación, utilización y gestión de los recursos.

3. El artículo 4 de la Ley 10/2001 define el Sistema Sanitario Público de Extremadura como:

a) Un conjunto de centros y dependencias sanitarias.

b) Un organismo autónomo con personalidad propia.

c) Un compendio de normas jurídicas en torno al derecho a la protección de la salud.

d) Un conjunto de recursos, actividades y prestaciones.

4. Conforme al artículo 4.2 de la Ley 10/2001, ¿quién garantiza el funcionamiento armónico y eficaz del Sistema Sanitario Público de Extremadura, en los términos de esta ley y mediante las facultades de dirección, coordinación, ordenación, planificación, supervisión y control que en ella se le atribuyen?

a) La Junta de Extremadura.
b) La Asamblea de Extremadura.
c) La Consejería de Salud y Servicios Sociales.
d) El Gobierno español.

5. Comprende el conjunto de cuidados destinados a aquellos enfermos, generalmente crónicos, que por sus especiales características pueden beneficiarse de la actuación simultánea y sinérgica de los servicios sanitarios y sociales para aumentar su autonomía, paliar sus limitaciones o sufrimientos y facilitar su reinserción social:

a) La atención primaria.
b) La atención especializada.
c) La atención sociosanitaria.
d) La prestación de salud pública.

6. Las prestaciones de salud pública se ejercerán a partir de las estructuras de salud pública de las Administraciones y de la infraestructura de atención primaria del Sistema Nacional de Salud, con un carácter:

a) De integralidad.
b) De confidencialidad.
c) Asistencial.
d) Disciplinario.

7. En el ámbito sanitario, la atención sociosanitaria se llevará a cabo en los niveles de atención que cada comunidad autónoma determine y en cualquier caso comprenderá:

a) Los cuidados sanitarios de corta duración.
b) La atención sanitaria a la convalecencia.
c) La rehabilitación en pacientes con déficit funcional no recuperable.
d) La indicación o prescripción, y la realización, en su caso, de procedimientos diagnósticos y terapéuticos.

8. Comprende todas las actividades asistenciales de prevención, diagnóstico, tratamiento y rehabilitación que se realicen en centros sanitarios o sociosanitarios, así como el transporte sanitario urgente, cubiertos de forma completa por financiación pública:

a) La cartera común básica de servicios asistenciales del Sistema Nacional de Salud.
b) La cartera común suplementaria del Sistema Nacional de Salud.

c) La cartera común de servicios accesorios del Sistema Nacional de Salud.

d) La cartera especial de servicios asistenciales del Sistema Nacional de Salud.

9. NO se incluye en la cartera común suplementaria del Sistema Nacional de Salud:

a) Prestación farmacéutica.

b) Prestación ortoprotésica.

c) Prestación con productos dietéticos.

d) Transporte sanitario urgente.

10. El contenido de la cartera común de servicios del Sistema Nacional de Salud se determinará:

a) Por acuerdo del Consejo Interterritorial del Sistema Nacional de Salud.

b) Por acuerdo del Consejo de Ministros.

c) Por Orden del Ministerio de Sanidad.

d) Por Ley del Parlamento español.

11. Corresponde a la Consejería de Salud y Servicios Sociales:

a) La aprobación del Plan de Salud de Extremadura.

b) La aprobación del mapa sanitario de la Comunidad.

c) El establecimiento de las directrices de la política sanitaria de la Comunidad Autónoma.

d) Establecer los principios generales que han de informar la política de salud en la Comunidad Autónoma de Extremadura, proponiendo los criterios generales de planificación.

12. Los titulares de los derechos recogidos en la Ley 10/2001, tienen derecho a ser advertidos de si los procedimientos de pronóstico, diagnóstico y terapéuticos que se le apliquen pudieran ser utilizados en un proyecto docente o de investigación:

a) Cuando dicha aplicación comporte riesgo adicional para la salud.

b) En todo caso será imprescindible la previa autorización de palabra o por escrito del paciente.

c) En todo caso será imprescindible la aceptación por parte del médico y de la dirección del correspondiente centro sanitario.

d) Siendo recomendable la previa autorización por escrito del paciente.

13. Sin perjuicio de la libertad de empresa, cuál de los siguientes derechos de los usuarios de los servicios sanitarios del Sistema Sanitario Público de Extremadura será ejercido también con respecto a los servicios sanitarios privados:

a) A participar en las actividades sanitarias a través de los cauces previstos en la normativa básica estatal, en la Ley 10/2001 y en cuantas disposiciones la desarrollen.

b) A la libre elección de médico, servicio y centro, así como a obtener una segunda opinión médica.

c) A la utilización de los procedimientos de reclamación y sugerencias, así como a recibir respuestas por escrito, siempre de acuerdo con los plazos que reglamentariamente se establezcan.

d) Al libre acceso al defensor de los usuarios del Sistema Sanitario Público de Extremadura.

14. ¿Cuál es el órgano colegiado superior de carácter consultivo, de participación ciudadana y de formulación y control de la política sanitaria en la Comunidad Autónoma de Extremadura?

a) El Consejo Extremeño de Salud.
b) El Consejo Interterritorial de Salud.
c) El Consejo Regional de Pacientes de Extremadura.
d) El Consejo General del Servicio Extremeño de Salud.

15. Señalar, conforme al artículo 13 de la Ley 10/2001, de cuál de los siguientes no se contempla su participación en el Consejo Extremeño de Salud:

a) De las Administraciones Locales.
b) De los sindicatos y las organizaciones empresariales más representativas a nivel de Extremadura.
c) De la Universidad de Extremadura.
d) De las organizaciones de consumidores y usuarios.

16. El Defensor de los Usuarios del Sistema Sanitario Público de Extremadura dará cuenta de sus actividades anualmente:

a) Al Consejo de Gobierno de la Junta de Extremadura.
b) Al Consejo Extremeño de Salud.
c) Al Pleno de la Asamblea de Extremadura.
d) Al Consejo General del Servicio Extremeño de Salud.

17. El Defensor de los Usuarios del Sistema Sanitario Público de Extremadura será designado por el Consejo de Gobierno de la Junta de Extremadura a propuesta de:

a) El Consejo Extremeño de Salud.
b) El Consejo Regional de Pacientes de Extremadura.
c) El Consejero de Sanidad y Servicios Sociales.
d) El Consejo Regional de Consumidores y Usuarios.

18. El Defensor de los Usuarios del Sistema Sanitario Público de Extremadura será designado por un período de:

a) 3 años.
b) 4 años.

c) 5 años.
d) 6 años.

19. ¿Qué título de la Ley 10/2001, de Salud de Extremadura, se refiere al Plan de Salud de Extremadura?

a) El título I.
b) El título II.
c) El título III.
d) El título IV.

20. El título III de los Estatutos del Servicio Extremeño de Salud se refiere a:

a) Objeto y ámbitos territorial y funcional.
b) Régimen de contratación administrativa y de recursos humanos.
c) Organización y funcionamiento.
d) Régimen jurídico, patrimonial y financiero.

Solución al test n.º 4

1. b) La creación del Servicio Extremeño de Salud.

2. c) Incluyendo actuaciones de promoción, prevención, asistencia, rehabilitación e incorporación social.

3. d) Un conjunto de recursos, actividades y prestaciones.

4. a) La Junta de Extremadura.

5. c) La atención sociosanitaria.

6. a) De integralidad.

7. b) La atención sanitaria a la convalecencia.

8. a) La cartera común básica de servicios asistenciales del Sistema Nacional de Salud.

9. d) Transporte sanitario urgente.

10. a) Por acuerdo del Consejo Interterritorial del Sistema Nacional de Salud.

11. d) Establecer los principios generales que han de informar la política de salud en la Comunidad Autónoma de Extremadura, proponiendo los criterios generales de planificación.

12. c) En todo caso será imprescindible la aceptación por parte del médico y de la dirección del correspondiente centro sanitario.

13. c) A la utilización de los procedimientos de reclamación y sugerencias, así como a recibir respuestas por escrito, siempre de acuerdo con los plazos que reglamentariamente se establezcan.

14. a) El Consejo Extremeño de Salud.

15. c) De la Universidad de Extremadura.

16. b) Al Consejo Extremeño de Salud.

17. d) El Consejo Regional de Consumidores y Usuarios.

18. c) 5 años.

19. b) El título II.

20. d) Régimen jurídico, patrimonial y financiero.

TEST DEL
TEMARIO ESPECÍFICO

TEST N.º 1

La Constitución Española de 1978: La Corona.
Las Cortes Generales. El Gobierno y la Administración.
Las relaciones entre el Gobierno y las Cortes Generales.
El Poder Judicial. Economía y Hacienda. La organización Territorial
del Estado. El Tribunal Constitucional. La reforma constitucional

1. Según la Constitución Española, arbitra y modera el funcionamiento regular de las instituciones:

a) El Presidente del Gobierno.
b) El Rey.
c) El Estado.
d) Los tribunales de Justicia.

2. Las abdicaciones y renuncias se resolverán:

a) Por ley.
b) Por decreto ley.
c) Por decisión de las Cortes Generales.
d) Por ley orgánica.

3. Si no hubiese a quien corresponda la Regencia, esta será nombrada por:

a) Las Cortes Generales.
b) El Congreso de los Diputados.
c) El Senado.
d) El Gobierno.

4. No necesita de refrendo:

a) Declarar la guerra y hacer la paz.
b) Expedir los decretos acordados en Consejo de Ministros.

c) Nombrar y relevar a los miembros civiles y militares de la Casa Real.
d) Todos los actos del Rey necesitan refrendo.

5. ¿A quién corresponde manifestar el consentimiento del Estado para obligarse por medio de tratados?

a) Al Rey.
b) Al Gobierno.
c) Al Estado.
d) Al Presidente del Gobierno.

6. Según el art. 59.5 de la Carta Magna, la Regencia se ejercerá:

a) Por mandato constitucional y en nombre del pueblo español.
b) Por mandato constitucional y en nombre de las Cortes Generales.
c) Por mandato constitucional y en nombre de la soberanía popular.
d) Por mandato constitucional y en nombre del Rey.

7. La asunción de funciones constitucionales por la Reina consorte:

a) Está prevista como regla general.
b) Depende de la voluntad del Rey.
c) Está prohibida.
d) Está limitada.

8. La tutoría del Rey puede recaer en:

a) Cualquier persona nombrada por las Cortes Generales, en su caso.
b) Sus hijos.
c) Una, tres o cinco personas.
d) Nada de lo anterior es cierto.

9. Una hija del Príncipe de Asturias ostentará este tratamiento:

a) Cuando su padre acceda a la condición de Rey, si es la primogénita, aunque tenga hermanos varones.
b) Al morir su padre.
c) Al acceder a Rey su padre, si no tiene hermano varón.
d) Cuando delegue en ella el propio Príncipe.

10. La Regencia se ejerce:

a) Por mandato del Rey.
b) En nombre de este.

c) Por mandato constitucional.
d) Las respuestas b) y c) son correctas.

11. La dirección de la defensa del Estado es competencia genuina del/de las:

a) Rey.
b) Fuerzas Armadas.
c) Gobierno de la Nación.
d) Todos ellos.

12. El refrendo de los actos del Rey está íntimamente relacionado con:

a) Su irresponsabilidad política.
b) Su inhabilitación.
c) La Regencia.
d) Sus poderes discrecionales.

13. En caso de que el Rey sea menor de edad:

a) No tomará posesión de su cargo hasta su mayoría de edad.
b) Ejercerá la Regencia el Príncipe heredero.
c) Ejercerá la Regencia su cónyuge.
d) Nada de lo anterior es cierto.

14. Si el Príncipe heredero tuviera descendientes y renunciara a sus derechos al trono:

a) Su cónyuge ejercería la Regencia hasta que su primogénito varón fuere mayor de edad.
b) Su cónyuge ejercería la Regencia hasta que dicho primogénito fuera proclamado Rey.
c) Se nombraría Princesa heredera a su hermana mayor, si la hubiere.
d) Nada de lo anterior es cierto.

15. La presidencia por el Rey de las reuniones del Consejo de Ministros:

a) Se permite solo respecto de las decisorias.
b) Ha de efectuarse a petición del Presidente del Gobierno de la Nación.
c) Está prevista constitucionalmente para dirigir la Administración Civil y Militar.
d) Las respuestas a) y b) son ciertas.

En MADTEST tienes **más preguntas de este tema**, y todos tus avances quedan registrados y se reflejan en el ranking.

¡Supera tus límites con MADTEST!

Solución al test n.º 1

1. b) El Rey.

2. d) Por ley orgánica.

3. a) Las Cortes Generales.

4. c) Nombrar y relevar a los miembros civiles y militares de la Casa Real.

5. a) Al Rey.

6. d) Por mandato constitucional y en nombre del Rey.

7. d) Está limitada.

8. a) Cualquier persona nombrada por las Cortes, en su caso.

9. c) Al acceder a Rey su padre, si no tiene hermano varón.

10. d) Las respuestas b) y c) son correctas.

11. c) Gobierno de la Nación.

12. a) Su irresponsabilidad política.

13. d) Nada de lo anterior es cierto.

14. c) Se nombraría Princesa heredera a su hermana mayor, si la hubiere.

15. b) Ha de efectuarse a petición del Presidente del Gobierno de la Nación.

Ley del Régimen Jurídico del Sector Público: Disposiciones generales. Los órganos de las Administraciones Públicas. Principios de la potestad sancionadora. De la responsabilidad Patrimonial de las administraciones públicas. Funcionamiento Electrónico del sector público. Los Convenios

1. Según el artículo 3 de la Ley 40/2015, uno de los principios de acuerdo con los que actúa la Administración Pública es el de buena fe, confianza legítima y:

a) Lealtad institucional.
b) Proximidad a los ciudadanos.
c) Servicio efectivo a los ciudadanos.
d) Responsabilidad.

2. Según el artículo 3 de la Ley 40/2015, uno de los principios de acuerdo con los que actúa la Administración Pública es el de simplicidad, claridad y:

a) Economía.
b) Eficacia.
c) Proximidad a los ciudadanos.
d) Racionalización.

3. Según el artículo 3 de la Ley 40/2015, uno de los principios de acuerdo con los que actúa la Administración Pública es el de participación, objetividad y:

a) Transparencia de la actuación administrativa.
b) Evaluación de los resultados.
c) Adecuación estricta de los medios a los fines institucionales.
d) Colaboración.

4. Según el artículo 3 de la Ley 40/2015, uno de los principios de acuerdo con los que actúa la Administración Pública es el de racionalización y agilidad de los procedimientos administrativos y de:

a) Las políticas públicas.
b) Las actividades materiales de gestión.

c) Las asignaciones de los recursos públicos.
d) La evaluación de los resultados de las políticas públicas.

5. Las Administraciones Públicas sirven con objetividad:

a) Los intereses generales.
b) Las políticas del Gobierno.
c) Los valores superiores.
d) Los derechos y deberes fundamentales.

6. Las Administraciones Públicas actúan con sometimiento pleno a la Constitución, a la Ley y a:

a) Los Tratados Internacionales.
b) Los Derechos Humanos.
c) El Rey.
d) El Derecho.

7. De los siguientes, ¿cuál no es un requisito exigido para la creación de cualquier órgano administrativo?

a) Determinación de su forma de integración en la Administración Pública de que se trate y su dependencia jerárquica.
b) Delimitación de sus funciones y competencias.
c) Dotación de los créditos necesarios para su puesta en marcha y funcionamiento.
d) Identificación de los órganos con los que vayan a causar duplicación de competencias.

8. En cuanto a la competencia de los órganos administrativos:

a) La competencia es renunciable por los órganos que la tengan atribuida.
b) La titularidad y el ejercicio de las competencias atribuidas a los órganos administrativos no podrán ser desconcentradas en otros jerárquicamente dependientes de aquellos.
c) La encomienda de gestión, la delegación de firma y la suplencia no suponen alteración de la titularidad de la competencia, aunque sí de los elementos determinantes de su ejercicio que en cada caso se prevén.
d) Si alguna disposición atribuye competencia a una Administración, sin especificar el órgano que debe ejercerla, se entenderá que la facultad de instruir y resolver los expedientes corresponde a los órganos superiores competentes por razón de la materia y del territorio.

9. En referencia a los órganos administrativos, podrán delegar competencias relativas a:

a) Asuntos que se refieran a relaciones con la Jefatura del Estado.
b) La adopción de disposiciones de carácter general.

c) La resolución de recursos en los órganos administrativos que hayan dictado los actos objeto de recurso.

d) El ejercicio de la potestad sancionadora.

10. En relación con la delegación de competencias entre órganos administrativos, no es cierto que:

a) La delegación puede ser revocada en cualquier momento por el órgano que la haya conferido.

b) La delegación de competencias atribuidas a órganos colegiados, para cuyo ejercicio ordinario se requiera un quórum especial, deberá adoptarse observando, en todo caso, dicho quórum.

c) Las competencias que se ejercen por delegación pueden ser delegadas.

d) No podrán ser delegadas aquellas materias en que así se determine por norma con rango de ley.

11. En cuanto a la delegación de firma, es cierto que:

a) La delegación de firma altera la competencia del órgano delegante.

b) Para su validez es necesaria su publicación.

c) Solo puede delegarse la firma en materias que se ostenten por atribución.

d) En las resoluciones y actos que se firmen por delegación se hará constar la autoridad de procedencia.

12. En relación con los conflictos de atribuciones entre órganos administrativos, no es cierto que:

a) El órgano administrativo que se estime incompetente para la resolución de un asunto remitirá directamente las actuaciones al órgano que considere competente.

b) Los interesados que sean parte en el procedimiento podrán dirigirse al órgano que se encuentre conociendo de un asunto para que decline su competencia y remita las actuaciones al órgano competente.

c) Los interesados podrán dirigirse al órgano que estimen competente para que requiera de inhibición al que esté conociendo del asunto.

d) Los conflictos de atribuciones solo podrán suscitarse entre órganos de una misma Administración relacionados jerárquicamente.

13. En relación con las instrucciones y órdenes de servicio, no es cierto que:

a) El incumplimiento de las instrucciones u órdenes de servicio supone la invalidez de los actos dictados por los órganos administrativos.

b) Son normas de carácter interno, que no han de afectar a los administrados.

c) No requieren un especial procedimiento de elaboración.

d) Su cumplimiento se subordina al conocimiento de las mismas por sus destinatarios.

14. Las autoridades y el personal al servicio de las Administraciones se abstendrán de intervenir en el procedimiento (señala la opción incorrecta):

a) Cuando tengan interés personal en el asunto de que se trate o en otro en cuya resolución pudiera influir la de aquel.

b) Si tienen parentesco de consanguinidad o de afinidad dentro del cuarto grado, con cualquiera de los interesados.

c) Tener amistad íntima con los administradores de entidades o sociedades interesadas o con los asesores, representantes legales o mandatarios que intervengan en el procedimiento.

d) Haber tenido intervención como perito o como testigo en el procedimiento de que se trate.

15. Señala la opción correcta en relación con la abstención en el procedimiento:

a) La actuación de autoridades y personal al servicio de las Administraciones Públicas en los que concurran motivos de abstención implicará, necesariamente, la invalidez de los actos en que hayan intervenido.

b) Los órganos jerárquicamente superiores podrán ordenar a las personas en quienes se dé alguna de las circunstancias señaladas en el art. 23 de la LRJSP que se abstengan de toda intervención en el expediente.

c) La no abstención en los casos en que proceda no dará lugar a responsabilidad.

d) La enemistad manifiesta no es motivo de abstención en el procedimiento de una autoridad de la Administración Pública.

En MADTEST tienes **más preguntas de este tema**, y todos tus avances quedan registrados y se reflejan en el ranking.

¡Supera tus límites con MADTEST!

Solución al test n.º 2

1. a) Lealtad institucional.

2. c) Proximidad a los ciudadanos.

3. a) Transparencia de la actuación administrativa.

4. b) Las actividades materiales de gestión.

5. a) Los intereses generales.

6. d) El Derecho.

7. d) Identificación de los órganos con los que vayan a causar duplicación de competencias.

8. c) La encomienda de gestión, la delegación de firma y la suplencia no suponen alteración de la titularidad de la competencia, aunque sí de los elementos determinantes de su ejercicio que en cada caso se prevén.

9. d) El ejercicio de la potestad sancionadora.

10. c) Las competencias que se ejercen por delegación pueden ser delegadas.

11. d) En las resoluciones y actos que se firmen por delegación se hará constar la autoridad de procedencia.

12. d) Los conflictos de atribuciones solo podrán suscitarse entre órganos de una misma Administración relacionados jerárquicamente.

13. a) El incumplimiento de las instrucciones u órdenes de servicio supone la invalidez de los actos dictados por los órganos administrativos.

14. b) Si tienen parentesco de consanguinidad o de afinidad dentro del cuarto grado, con cualquiera de los interesados.

15. b) Los órganos jerárquicamente superiores podrán ordenar a las personas en quienes se dé alguna de las circunstancias señaladas en el art. 23 de la LRJSP que se abstengan de toda intervención en el expediente.

Ley del Procedimiento Administrativo Común de las Administraciones Públicas (I): Disposiciones generales Los interesados en el procedimiento

1. ¿Cuál es la actual Ley del Procedimiento Administrativo Común de las Administraciones Públicas?

a) La Ley 30/1992, de 26 de noviembre.
b) La Ley 35/2005, de 4 de octubre.
c) La Ley 39/2015, de 1 de octubre.
d) La Ley 1/2015, de 8 de septiembre.

2. Según el artículo 8 de la Ley 39/2015, si durante la instrucción de un procedimiento se advierte la existencia de personas que sean titulares de derechos o intereses legítimos y directos cuya identificación resulte del expediente y que puedan resultar afectados por la resolución que se dicte:

a) Se comunicará a dichas personas la tramitación del procedimiento si este no ha tenido publicidad.
b) Se suspenderá el procedimiento hasta que se les comunique el estado del procedimiento y se les dé un plazo para presentar alegaciones.
c) Se seguirá adelante con el procedimiento sin más.
d) Se les comunicará y se volverá a iniciar el procedimiento.

3. ¿De cuántos artículos consta la Ley 39/2015, de 1 de octubre, del Procedimiento Administrativo Común de las Administraciones Públicas?

a) De 121.
b) De 127.
c) De 131.
d) De 133.

4. La Ley 39/2015, de 1 de octubre, del Procedimiento Administrativo Común de las Administraciones Públicas, se estructura en:

a) 7 Títulos, 9 Disposiciones Adicionales, 5 Disposiciones Transitorias, 1 Disposición Derogatoria y 7 Disposiciones Finales.
b) 7 Títulos, 5 Disposiciones Adicionales, 7 Disposiciones Transitorias, 1 Disposición Derogatoria y 5 Disposiciones Finales.
c) 5 Títulos, 7 Disposiciones Adicionales, 7 Disposiciones Transitorias, 1 Disposición Derogatoria y 7 Disposiciones Finales.
d) 5 Títulos, 7 Disposiciones Adicionales, 5 Disposiciones Transitorias, 1 Disposición Derogatoria y 7 Disposiciones Finales.

5. Suele ser normal que la Administración Pública en las relaciones jurídicas administrativas:

a) Se sujete al Derecho Privado.
b) Actúe como sujeto de las mismas.
c) Despliegue una serie de potestades legalmente reconocidas.
d) Actúe representada por particulares.

6. Puede ser objeto de una relación jurídico-administrativa el/los/las:

a) Dominio público.
b) Potestades administrativas.
c) Deberes de los ciudadanos.
d) Nada de lo anterior.

7. Normalmente, la Administración Pública, en este tipo de relaciones:

a) Se limita a una posición de espectadora de las mismas.
b) Actúa como sujeto activo.
c) Se encuentra en el lado pasivo de las mismas.
d) Está en igualdad de circunstancias que el administrado.

8. Una característica esencial de las relaciones jurídico-administrativas es:

a) Su regulación por el Derecho Privado.
b) La situación de igualdad de la Administración Pública y el administrado.
c) Su sujeción al Derecho Administrativo.
d) Estar exenta de regulación jurídica de todo tipo.

9. La relación en la que la Administración Pública actúa como un particular y no como tal Administración Pública es de carácter:

a) Privado.
b) Jurídico-administrativa.

c) No jurídica.
d) Semipública.

10. El contenido de la relación jurídico-administrativa se descompone en:

a) Actos humanos y cosas.
b) Hechos no jurídicos.
c) Derechos y obligaciones.
d) Todo lo anterior.

11. ¿Qué recurso cabe contra el acuerdo que declare la aplicación de la tramitación de urgencia al procedimiento?

a) Recurso de alzada.
b) Recurso extraordinario de revisión.
c) Recurso de reposición, en el plazo de un mes.
d) Ningún recurso.

12. Es ejemplo de administrado cualificado un:

a) Ciudadano cualquiera.
b) Vendedor ambulante.
c) Concesionario de servicio público.
d) Las respuestas b) y c) son ciertas.

13. Un funcionario tiene la condición de:

a) Persona privada de interés social.
b) Autoridad.
c) Administrado simple.
d) Administrado cualificado.

14. La actuación de un particular realizando una prestación personal a la Administración:

a) Le convierte en administrado simple.
b) Comporta un trato de favor al mismo.
c) Le exime de pagar tasas judiciales.
d) Le cualifica respecto de la misma.

15. El que realice un uso común general del dominio público:

a) Requiere licencia.
b) Ha de estar habilitado a través de la correspondiente concesión demanial.

c) Tiene la condición de administrado cualificado.

d) Nada de lo expuesto es correcto.

En MADTEST tienes **más preguntas de este tema**, y todos tus avances quedan registrados y se reflejan en el ranking.

¡Supera tus límites con MADTEST!

Solución al test n.º 3

1. c) La Ley 39/2015, de 1 de octubre.

2. a) Se comunicará a dichas personas la tramitación del procedimiento si este no ha tenido publicidad.

3. d) De 133.

4. a) 7 Títulos, 9 Disposiciones Adicionales, 5 Disposiciones Transitorias, 1 Disposición Derogatoria y 7 Disposiciones Finales.

5. c) Despliegue una serie de potestades legalmente reconocidas.

6. a) Dominio público.

7. b) Actúa como sujeto activo.

8. c) Su sujeción al Derecho Administrativo.

9. a) Privado.

10. c) Derechos y obligaciones.

11. d) Ningún recurso.

12. d) Las respuestas b) y c) son ciertas.

13. d) Administrado cualificado.

14. d) Le cualifica respecto de la misma.

15. d) Nada de lo expuesto es correcto.

TEST N.º 4

Ley del Procedimiento Administrativo Común de las Administraciones Públicas (II): La actividad de las Administraciones Públicas. Los actos administrativos

1. Si un interesado de una Comunidad Autónoma con lengua oficial específica se dirige a un órgano de la Administración General del Estado sito en su Comunidad, ha de hacerlo en:

a) Castellano necesariamente.
b) Su lengua oficial exclusivamente.
c) Cualquiera de las dos anteriores, a su opción.
d) La que se le indique por la citada Administración.

2. Si un interesado en un procedimiento conoce datos de otros que no han comparecido en el mismo:

a) Puede dárselos a la Administración Pública actuante.
b) Está obligado a proporcionárselos a la anterior.
c) Para garantizar su intimidad, debe ocultarlos.
d) No tiene obligación alguna al respecto.

3. Los poderes que se inscriban en los registros electrónicos generales y particulares de apoderamientos, tendrán una validez determinada máxima, a contar desde la fecha de inscripción, de:

a) 3 años.
b) 5 años.
c) 7 años.
d) 10 años.

4. En las disposiciones de creación de registros electrónicos no es necesario especificar:

a) Los días declarados como inhábiles.
b) La caducidad del registro.

c) El órgano o unidad responsable de su gestión.

d) La fecha y hora oficial.

5. El proceso tecnológico que permite convertir un documento en soporte papel u otro soporte no electrónico, en un fichero electrónico que contiene la imagen codificada, fiel e íntegra del documento, se conoce en la LPACAP como:

a) Automatización.

b) Fotocopiado.

c) Autenticación.

d) Digitalización.

6. Señala la opción incorrecta. En todo caso, las disposiciones de creación de registros electrónicos especificarán:

a) El órgano o unidad responsable de su gestión.

b) La fecha y hora oficial.

c) Los días declarados como inhábiles.

d) Los medios electrónicos permitidos.

7. El plazo máximo en el que debe notificarse la resolución expresa será el fijado por la norma reguladora del correspondiente procedimiento. Este plazo, salvo que una norma con rango de ley establezca uno mayor o así venga previsto en el Derecho de la Unión Europea, no podrá exceder de:

a) Veinte días.

b) Un mes.

c) Tres meses.

d) Seis meses.

8. ¿Cuál es el plazo máximo en el que debe notificarse la resolución expresa?

a) Quince días.

b) Veinte días.

c) Un mes.

d) El fijado por la norma reguladora del correspondiente procedimiento.

9. El transcurso del plazo máximo legal para resolver un procedimiento y notificar la resolución se podrá suspender:

a) Cuando deba obtenerse un pronunciamiento previo y preceptivo de un órgano de la Unión Europea, por el tiempo que medie entre la petición, que habrá de comunicarse a los interesados, y la notificación del pronunciamiento a la Administración instructora, que también deberá serles comunicada.

b) Cuando deban realizarse pruebas técnicas o análisis contradictorios o dirimentes propuestos por los interesados, durante el tiempo necesario para la incorporación de los resultados al expediente.

c) Cuando exista un procedimiento no finalizado en el ámbito de la Unión Europea que condicione directamente el contenido de la resolución de que se trate, desde que se tenga constancia de su existencia, lo que deberá ser comunicado a los interesados, hasta que se resuelva, lo que también habrá de ser notificado.

d) Todas las respuestas son correctas.

10. ¿Qué recurso cabe contra el acuerdo que resuelva sobre la ampliación de plazos?

a) Recurso de alzada.

b) Recurso extraordinario de revisión.

c) Recurso de reposición, en el plazo de un mes.

d) Ningún recurso.

11. Señala la respuesta correcta respecto al cómputo de plazos:

a) Salvo que por Ley o en el Derecho de la Unión Europea se disponga otro cómputo, cuando los plazos se señalen por horas, se entiende que estas son naturales.

b) Siempre que por Ley o en el Derecho de la Unión Europea no se exprese otro cómputo, cuando los plazos se señalen por días, se entiende que estos son naturales, incluyéndose en el cómputo los sábados, los domingos y los declarados festivos.

c) Los plazos expresados en días se contarán desde el mismo día en que tenga lugar la notificación o publicación del acto de que se trate, o desde el siguiente a aquel en que se produzca la estimación o la desestimación por silencio administrativo.

d) Cuando un día fuese hábil en el municipio o Comunidad Autónoma en que residiese el interesado, e inhábil en la sede del órgano administrativo, o a la inversa, se considerará inhábil en todo caso.

12. Señala la respuesta incorrecta respecto al cómputo de los plazos:

a) Cuando los plazos se hayan señalado por días naturales por declararlo así una ley o por el Derecho de la Unión Europea, se hará constar esta circunstancia en las correspondientes notificaciones.

b) Cuando el último día del plazo sea inhábil, se entenderá prorrogado al primer día hábil siguiente.

c) Los plazos expresados por horas se contarán de hora en hora y de minuto en minuto desde la hora y minuto en que tenga lugar la notificación o publicación del acto de que se trate y no podrán tener una duración superior a veinticuatro horas, en cuyo caso se expresarán en días.

d) La declaración de un día como hábil o inhábil a efectos de cómputo de plazos determina por sí sola el funcionamiento de los centros de trabajo de las Administraciones Públicas, la organización del tiempo de trabajo así como el régimen de jornada y horarios de las mismas.

13. El registro electrónico permite la presentación de documentos:

a) De lunes a viernes de 8 a 15 horas.

b) De lunes a viernes de 8 a 21 horas.

c) Todos los días del año de 8 a 21 horas.
d) Todos los días del año durante las veinticuatro horas.

14. ¿En qué caso podrá ser objeto de ampliación un plazo ya vencido?

a) En los procedimientos tramitados por las misiones diplomáticas y oficinas consulares.
b) En aquellos que, sustanciándose en el interior, exijan cumplimentar algún trámite en el extranjero o en los que intervengan interesados residentes fuera de España.
c) Siempre que así lo considere oportuno, y lo fundamente, el Instructor del procedimiento.
d) En ningún caso.

15. Cuando razones de interés público lo aconsejen, se podrá acordar, de oficio o a petición del interesado, la aplicación al procedimiento de la tramitación de urgencia, por la cual se reducirán a la mitad los plazos establecidos para el procedimiento ordinario, salvo:

a) Los relativos a la presentación de solicitudes.
b) Los relativos a la presentación de recursos.
c) Las respuestas a) y b) son correctas.
d) Ninguna respuesta es correcta.

En MADTEST tienes **más preguntas de este tema**, y todos tus avances quedan registrados y se reflejan en el ranking.

¡Supera tus límites con MADTEST!

Solución al test n.º 4

1. c) Cualquiera de las dos anteriores, a su opción.

2. b) Está obligado a proporcionárselos a la anterior.

3. b) 5 años.

4. b) La caducidad del registro.

5. d) Digitalización.

6. d) Los medios electrónicos permitidos.

7. d) Seis meses.

8. d) El fijado por la norma reguladora del correspondiente procedimiento.

9. d) Todas las respuestas son correctas.

10. d) Ningún recurso.

11. d) Cuando un día fuese hábil en el municipio o Comunidad Autónoma en que residiese el interesado, e inhábil en la sede del órgano administrativo, o a la inversa, se considerará inhábil en todo caso.

12. d) La declaración de un día como hábil o inhábil a efectos de cómputo de plazos determina por sí sola el funcionamiento de los centros de trabajo de las Administraciones Públicas, la organización del tiempo de trabajo así como el régimen de jornada y horarios de las mismas.

13. d) Todos los días del año durante las veinticuatro horas.

14. d) En ningún caso.

15. c) Las respuestas a) y b) son correctas.

Ley del Procedimiento Administrativo Común de las Administraciones Públicas (III): Las disposiciones sobre el procedimiento administrativo común

1. Salvo en el caso de que en la norma correspondiente se fije plazo distinto, los trámites que deban ser cumplimentados por los interesados deberán realizarse:

a) En el plazo de un mes a partir del siguiente al de la notificación del correspondiente acto.

b) En el plazo de veinte días a partir del siguiente al de la notificación del correspondiente acto.

c) En el plazo de quince días a partir del siguiente al de la notificación del correspondiente acto.

d) En el plazo de diez días a partir del siguiente al de la notificación del correspondente acto.

2. Señala la respuesta correcta respecto a la emisión de informes:

a) Salvo disposición expresa en contrario, los informes serán facultativos y vinculantes.

b) Los informes serán emitidos a través de medios electrónicos en el plazo de quince días, salvo que una disposición o el cumplimiento del resto de los plazos del procedimiento permita o exija otro plazo mayor o menor.

c) El informe emitido fuera de plazo podrá no ser tenido en cuenta al adoptar la correspondiente resolución.

d) Cuando se soliciten informes preceptivos a un órgano de la misma o distinta Administración, por el tiempo que medie entre la petición, que deberá comunicarse a los interesados, y la recepción del informe, que igualmente deberá ser comunicada a los mismos. Este plazo de suspensión no podrá exceder en ningún caso de un mes.

3. ¿De qué plazo disponen los interesados durante el trámite de audiencia para alegar y presentar los documentos y justificaciones que estimen pertinentes?

a) No inferior a quince ni superior a un mes.

b) No inferior a diez días ni superior a quince.

c) Quince días.
d) Siete días hábiles.

4. A tenor del art. 84 de la Ley 39/2015, de 1 de octubre, del Procedimiento Administrativo Común de las Administraciones Públicas, pondrán fin al procedimiento la resolución:

a) El desistimiento.
b) La renuncia al derecho en que se funde la solicitud.
c) La declaración de caducidad.
d) Todas las respuestas son correctas.

5. ¿Cuál es la forma especial de terminación del procedimiento administrativo?

a) La resolución.
b) La declaración de caducidad.
c) La terminación convencional.
d) El desistimiento.

6. El acuerdo de realización de actuaciones complementarias se notificará a los interesados, concediéndoseles un plazo para formular las alegaciones que tengan por pertinentes tras la finalización de las mismas, de:

a) Siete días.
b) Diez días.
c) Quince días.
d) Un mes.

7. En los procedimientos iniciados a solicitud del interesado, cuando se produzca su paralización por causa imputable al mismo, la Administración le advertirá de que se producirá la caducidad del procedimiento, transcurrido:

a) Quince días.
b) Veinte días.
c) Un mes.
d) Tres meses.

8. Señala la respuesta incorrecta respecto a la caducidad:

a) La caducidad no producirá por sí sola la prescripción de las acciones del particular o de la Administración, pero los procedimientos caducados interrumpirán el plazo de prescripción.
b) No podrá acordarse la caducidad por la simple inactividad del interesado en la cumplimentación de trámites, siempre que no sean indispensables para dictar resolución.
c) Podrá no ser aplicable la caducidad en el supuesto de que la cuestión suscitada afecte al interés general, o fuera conveniente sustanciarla para su definición y esclarecimiento.
d) En los casos en los que sea posible la iniciación de un nuevo procedimiento por no haberse producido la prescripción, podrán incorporarse a este los actos y trámites cuyo contenido se hubiera mantenido igual de no haberse producido la caducidad.

9. ¿Qué recurso cabe contra el acuerdo de acumulación?

a) Ninguno.
b) Recurso de alzada.
c) Recurso de reposición.
d) Recurso extraordinario de revisión.

10. Señala la respuesta incorrecta respecto a la información pública:

a) La incomparecencia en este trámite podrá impedir a los interesados interponer los recursos procedentes contra la resolución definitiva del procedimiento.
b) El órgano al que corresponda la resolución del procedimiento, cuando la naturaleza de este lo requiera, podrá acordar un período de información pública.
c) La comparecencia en el trámite de información pública no otorga, por sí misma, la condición de interesado.
d) Quienes presenten alegaciones u observaciones en este trámite tienen derecho a obtener de la Administración una respuesta razonada, que podrá ser común para todas aquellas alegaciones que planteen cuestiones sustancialmente iguales.

11. Indica cuál de las siguientes no es una de las formas anormales de terminación del procedimiento administrativo:

a) La declaración de caducidad.
b) El desistimiento.
c) La renuncia al derecho en que se funde la solicitud.
d) La resolución.

12. Las actuaciones complementarias deberán practicarse en un plazo no superior a:

a) Diez días.
b) Quince días.
c) Veinte días.
d) Un mes.

13. ¿En qué supuesto excepcional se podrá imponer una sanción sin que se haya tramitado el oportuno procedimiento?

a) En casos de urgencia.
b) En aquellos supuestos donde no dé lugar a dudas la imposición de la sanción.
c) Únicamente en aquellos supuestos donde una norma con rango de ley así lo determine.
d) En ningún caso.

14. ¿En virtud de qué principio se acordarán en un solo acto todos los trámites que, por su naturaleza, admitan un impulso simultáneo y no sea obligado su cumplimiento sucesivo?

a) Del principio de celeridad.
b) Del principio de agilidad administrativa.

c) Del principio de simplificación administrativa.

d) Del principio de eficiencia.

15. ¿Cómo se denominan los procedimientos que tienden a la realización material de una decisión anterior ya definitiva, como, por ejemplo, el procedimiento de apremio?

a) Procedimientos ejecutivos.

b) Procedimientos declarativos.

c) Procedimientos de simple gestión.

d) Procedimientos de materialización o sustanciación.

En MADTEST tienes **más preguntas de este tema**, y todos tus avances quedan registrados y se reflejan en el ranking.

¡Supera tus límites con MADTEST!

Solución al test n.º 5

1. d) En el plazo de diez días a partir del siguiente al de la notificación del correspondiente acto.

2. c) El informe emitido fuera de plazo podrá no ser tenido en cuenta al adoptar la correspondiente resolución.

3. b) No inferior a diez días ni superior a quince.

4. d) Todas las respuestas son correctas.

5. c) La terminación convencional.

6. a) Siete días.

7. d) Tres meses.

8. a) La caducidad no producirá por sí sola la prescripción de las acciones del particular o de la Administración, pero los procedimientos caducados interrumpirán el plazo de prescripción.

9. a) Ninguno.

10. a) La incomparecencia en este trámite podrá impedir a los interesados interponer los recursos procedentes contra la resolución definitiva del procedimiento.

11. d) La resolución.

12. b) Quince días.

13. d) En ningún caso.

14. c) Del principio de simplificación administrativa.

15. a) Procedimientos ejecutivos.

Ley del Procedimiento Administrativo Común de las Administraciones Públicas (IV): La revisión de los actos en vía administrativa. La iniciativa legislativa y de la potestad para dictar reglamentos y otras disposiciones

1. El recurso de alzada contra actos que no agotan la vía administrativa es:

a) Extraordinario.
b) La regla general.
c) Especial.
d) Inexistente.

2. El recurso de reposición contra actos que no agotan la vía administrativa es:

a) Ordinario.
b) Extraordinario.
c) Especial.
d) Inexistente.

3. El recurso de alzada se presentará:

a) Ante el superior jerárquico del órgano que dictó el acto.
b) Ante el Tribunal contencioso competente.
c) Ante el órgano que dictó el acto.
d) Indistintamente, ante el órgano que dictó el acto o el superior jerárquico que deba decidirlo.

4. La resolución presunta del recurso de alzada se dará, si no recae resolución, al/a los:

a) Quince días de interponerlo.
b) Mes de su interposición.
c) Tres meses de dictarse el acto.
d) En cualquier momento a partir del día siguiente a aquel en que, de acuerdo con su normativa específica, se produzcan los efectos del silencio administrativo.

5. El silencio administrativo en el recurso de alzada puede ser positivo en el siguiente caso:

a) Cuando el recurso se presentó contra un acto presunto desestimatorio de la solicitud del ciudadano.
b) Cuando perjudique al ciudadano.
c) Siempre que beneficie al interés público.
d) En ningún supuesto es positivo.

6. El recurso extraordinario de revisión se interpone contra:

a) Cualquier acto administrativo.
b) Actos que no agotan la vía administrativa.
c) Los actos que agotan la vía administrativa.
d) Los actos firmes exclusivamente.

7. La terminación presunta del recurso extraordinario de revisión se dará:

a) A los tres meses de su interposición.
b) Al mes de su interposición.
c) No cabe.
d) Solo en el supuesto de que se base en manifiesto error de derecho.

8. El recurso extraordinario de revisión por manifiesto error de hecho debe plantearse:

a) A los tres meses desde que se produjo.
b) A los cuatro años desde que se conoció.
c) Dentro de los cuatro años desde la notificación del acto.
d) No puede darse nunca aisladamente.

9. La revisión de los actos por los recursos administrativos:

a) Corresponde a la propia Administración Pública.
b) Supone una actuación excepcional por la Administración Pública sobre sus actos firmes.
c) Compete a los órganos jurisdiccionales de lo contencioso-administrativo.
d) Se da solo en supuestos tasados y límites.

10. Se han reinstaurado las reclamaciones económico-administrativas, como recurso administrativo propio, en los/las:

a) Corporaciones Locales en general.
b) Municipios de régimen común.
c) Municipios de gran población.
d) Diputaciones Provinciales cuando gestionen los tributos de los Municipios de la Provincia.

11. Para plantear un recurso administrativo:

a) Hay que tener capacidad jurídica, sin requerirse la capacidad de obrar.
b) Basta con la capacidad de obrar.
c) Se requiere, siempre, ser titular de un derecho subjetivo afectado por el acto que se recurre.
d) Puede hacerlo quien ostente la condición de interesado.

12. Se puede sustituir en determinados supuestos por procedimientos de mediación y arbitraje el:

a) Recurso de alzada.
b) Recurso de revisión.
c) Recurso de reposición.
d) Las respuestas a) y c) son ciertas.

13. Cuando una persona interpone un recurso de alzada denominándolo como recurso de revisión:

a) Deberá desestimarse el recurso por improcedente.
b) Deberá notificársele el error para que lo subsane.
c) No se admitirá el recurso.
d) Deberá resolverse, si del propio recurso se deduce su carácter.

14. La *reformatio in peius*, en materia de recursos:

a) Se admite como regla general.
b) Solo se permite en materia sancionadora.
c) Se admite cuando el recurso está claramente infundado.
d) Está expresamente prohibida.

15. Como consecuencia del principio de congruencia, al resolver un recurso, la Administración Pública:

a) Podrá agravar la situación inicial del recurrente.
b) Deberá ajustarse a las peticiones del recurrente.
c) Lo desestimará, manteniendo el acto administrativo.
d) Solo decidirá sobre las cuestiones planteadas por el recurrente sin entrar en otras que deriven del procedimiento.

En MADTEST tienes **más preguntas de este tema**, y todos tus avances quedan registrados y se reflejan en el ranking.

¡Supera tus límites con MADTEST!

Solución al test n.º 6

1. b) La regla general.

2. d) Inexistente.

3. d) Indistintamente, ante el órgano que dictó el acto o el superior jerárquico que deba decidirlo.

4. d) En cualquier momento a partir del día siguiente a aquel en que, de acuerdo con su normativa específica, se produzcan los efectos del silencio administrativo.

5. a) Cuando el recurso se presentó contra un acto presunto desestimatorio de la solicitud del ciudadano.

6. d) Los actos firmes exclusivamente.

7. a) A los tres meses de su interposición.

8. c) Dentro de los cuatro años desde la notificación del acto.

9. a) Corresponde a la propia Administración Pública.

10. c) Municipios de gran población.

11. d) Puede hacerlo quien ostente la condición de interesado.

12. d) Las respuestas a) y c) son ciertas.

13. d) Deberá resolverse, si del propio recurso se deduce su carácter.

14. d) Está expresamente prohibida.

15. b) Deberá ajustarse a las peticiones del recurrente.

La información administrativa y atención al ciudadano en la Comunidad Autónoma de Extremadura. El sistema de registro único de la Comunidad Autónoma de Extremadura. El régimen jurídico de la administración electrónica de la Comunidad Autónoma de Extremadura: Disposiciones. Puntos de accesos electrónicos corporativos. Expediente electrónico. Comunicaciones y notificaciones electrónicas

1. Es información de carácter particular:

a) La relativa a la identificación, fines, competencias, estructura, funcionamiento y localización de organismos y unidades administrativas.

b) La referida a los requisitos jurídicos o técnicos que las disposiciones impongan a los proyectos, actuaciones o solicitudes que los ciudadanos se propongan realizar.

c) La referente a la tramitación de procedimientos, a los servicios públicos y prestaciones.

d) La concerniente a la identificación de las autoridades y personal al servicio de la Administración Autonómica de Extremadura y de las entidades de derecho público vinculadas o dependientes de la misma bajo cuya responsabilidad se tramiten los expedientes.

2. En relación con la información administrativa de carácter general de la Administración de la Comunidad Autónoma de Extremadura, es cierto que:

a) Deberá solicitarse por escrito.

b) Solo podrá ser facilitada a las personas que tengan la condición de interesados en cada procedimiento o a sus representantes legales.

c) Cuando resulte conveniente una mayor difusión, podrá ofrecerse a los grupos sociales o instituciones que estén interesados en su conocimiento, autorizándose, en su caso, la redifusión de esta información.

d) Deberá referirse a la identificación, fines, competencias, estructura, funcionamiento y localización de organismos y unidades administrativas.

3. En relación con la información administrativa de carácter particular, es cierto que:

a) Quedará vinculada al procedimiento al que se refiera.

b) Podrá ser invocada a efectos de interrupción o paralización de plazos, caducidad o prescripción.

c) Servirá de instrumento de notificación en el expediente a que haga referencia.

d) Será aportada a las unidades de información administrativa por los funcionarios de la Junta de Extremadura que gestionen el expediente concreto sobre el que haya de versar la información.

4. Con la finalidad de ofrecer las aclaraciones y ayudas de índole práctica que los ciudadanos requieren sobre procedimientos, trámites, requisitos y documentación para los proyectos, actuaciones o solicitudes que se propongan realizar, o para acceder al disfrute de un servicio público o beneficiarse de una prestación, la atención personalizada prestada por la Administración de la Comunidad Autónoma de Extremadura al ciudadano, comprende la función de:

a) Recepción a los ciudadanos.

b) Orientación e información.

c) Recepción de las sugerencias formuladas por los ciudadanos, o por los propios empleados públicos.

d) Recepción de las quejas de los ciudadanos.

5. Según el artículo 84 de la *Ley 1/2002, de 28 de febrero, del Gobierno y de la Administración de la Comunidad Autónoma de Extremadura* (en redacción dada por el Decreto-ley 12/2020, de 19 de junio, de medidas extraordinarias y urgentes para la reactivación de la actividad económica y social en la Comunidad Autónoma de Extremadura en el proceso hacia la "Nueva Normalidad"), la Administración de la Comunidad Autónoma deberá organizar un sistema de información .... que permita a la ciudadanía el conocimiento efectivo de sus competencias, funciones y organización, servicios, prestaciones y procedimientos administrativos y ejercicio de sus derechos y cumplimiento de sus obligaciones. ¿Qué palabra falta en la frase?:

a) Transversal.

b) Vertical.

c) Integral.

d) Horizontal.

6. A partir del *Decreto-ley 12/2020, de 19 de junio, de medidas extraordinarias y urgentes para la reactivación de la actividad económica y social en la Comunidad Autónoma de Extremadura en el proceso hacia la "Nueva Normalidad"*, las oficinas de la Administración Autonómica en que se prestan servicios de información y/o registro pasan a denominarse:

a) Oficinas de Asistencia a la Ciudadanía.

b) Oficinas de Información y Registro.

c) Oficinas de Atención Ciudadana.

d) Oficinas Generales de Documentación.

7. Cómo denomina el artículo 84 bis de la Ley 1/2002 a las oficinas que prestan a la ciudadanía los servicios de información sobre un ámbito de actividad concreto relacionado con las funciones administrativas de la Consejería o entidad del sector público de la que dependen orgánicamente:

a) Oficinas departamentales.
b) Oficinas de asistencia general.
c) Oficinas de asistencia especializada.
d) Oficinas de asistencia virtual.

8. Según el *Decreto-ley 12/2020, de 19 de junio, de medidas extraordinarias y urgentes para la reactivación de la actividad económica y social en la Comunidad Autónoma de Extremadura en el proceso hacia la "Nueva Normalidad",* el nuevo sistema de información en la Administración de la Comunidad Autónoma estará compuesto por las oficinas de asistencia a la ciudadanía, el sitio web corporativo y los sectoriales que se establezcan, las redes sociales y:

a) El teléfono centralizado.
b) Los Centros de Atención Administrativa.
c) El correo electrónico.
d) Las Unidades Departamentales de Información Administrativa.

9. A partir del *Decreto 7/2023, de 1 de febrero, por el que se regula la puesta en marcha del Punto Único de Acceso a la información por diferentes canales de la Administración de la Comunidad Autónoma de Extremadura y organismos públicos,* con qué denominación se identificará al Punto Único de Acceso a la información por diferentes canales al que se refiere el artículo 42.3 de la Ley de racionalización y simplificación administrativa:

a) Miespacio.
b) Micarpeta.
c) Tuatención.
d) Tucanal.

10. Según el Decreto 7/2023, el nivel 2 de atención a la ciudadanía del Punto Único de acceso a la información se identifica con:

a) Todos los órganos, servicios, unidades o áreas administrativas que generan contenidos de interés público y se pongan a disposición de la ciudadanía.
b) Los servicios soportados por la oficina virtual.
c) Los administradores sectoriales de todos los servicios, unidades o áreas administrativas de las entidades integradas en el Punto Único de acceso a la información.
d) Los servicios que soportan las oficinas de asistencia a la ciudadanía, generales y especializadas.

11. Las Oficinas de Asistencia a la Ciudadanía se clasifican por el alcance de sus servicios en:

a) Oficinas de Asistencia Integral y Personalizada.
b) Oficinas de Orientación e Información.
c) Oficinas de Quejas y Sugerencias.
d) Oficinas de Asistencia General y Asistencia Especializada.

12. Los canales de asesoramiento que ofrecen las Oficinas de Asistencia a la Ciudadanía son:

a) Presencial, telefónico y a través de Internet.
b) Telefónico, de respuesta personalizada y a través de internet.
c) Particular, telefónico y a través de internet.
d) Escrito, telemático y telefónico.

13. La Comisión Interdepartamental de Información Administrativa se reunirá con carácter ordinario:

a) Mensualmente.
b) Bimestralmente.
c) Trimestralmente.
d) Semestralmente.

14. ¿En qué plazo se facilitará la información general solicitada por los ciudadanos?

a) En el mismo momento o como máximo al siguiente día hábil.
b) En el plazo de 24 horas.
c) Si es posible, en el mismo momento o en los siguientes tres días hábiles.
d) No hay un plazo estipulado.

15. ¿En cuál de estos municipios hay una Oficina de asistencia general de la Administración de la Comunidad Autónoma de Extremadura?

a) Plasencia.
b) Almendralejo.
c) Trujillo.
d) Don Benito.

En MADTEST tienes **más preguntas de este tema,** y todos tus avances quedan registrados y se reflejan en el ranking.

¡Supera tus límites con MADTEST!

Solución al test n.º 7

1. d) La concerniente a la identificación de las autoridades y personal al servicio de la Administración Autonómica de Extremadura y de las entidades de derecho público vinculadas o dependientes de la misma bajo cuya responsabilidad se tramiten los expedientes.

2. c) Cuando resulte conveniente una mayor difusión, podrá ofrecerse a los grupos sociales o instituciones que estén interesados en su conocimiento, autorizándose, en su caso, la redifusión de esta información.

3. d) Será aportada a las unidades de información administrativa por los funcionarios de la Junta de Extremadura que gestionen el expediente concreto sobre el que haya de versar la información.

4. b) Orientación e información.

5. d) Horizontal.

6. a) Oficinas de Asistencia a la Ciudadanía.

7. c) Oficinas de asistencia especializada.

8. a) El teléfono centralizado.

9. c) Tuatención.

10. a) Todos los órganos, servicios, unidades o áreas administrativas que generan contenidos de interés público y se pongan a disposición de la ciudadanía.

11. d) Oficinas de Asistencia General y Asistencia Especializada.

12. a) Presencial, telefónico y a través de Internet.

13. d) Semestralmente.

14. c) Si es posible, en el mismo momento o en los siguientes tres días hábiles.

15. a) Plasencia.

**Los contratos del sector público: Disposiciones generales:
Objeto y ámbito de aplicación de la ley. Contratos del sector público.
Disposiciones generales sobre la contratación del sector público.
Partes en el contrato**

1. Están incluidos en el ámbito de la Ley de Contratos del Sector Público:

a) La relación de servicio de los funcionarios públicos y los contratos regulados en la legislación laboral.

b) Las relaciones jurídicas consistentes en la prestación de un servicio público cuya utilización por los usuarios requiera el abono de una tarifa, tasa o precio público de aplicación general.

c) Los contratos relativos a servicios de arbitraje y conciliación.

d) Los contratos onerosos, cualquiera que sea su naturaleza jurídica, que celebren las Mutuas de Accidentes de Trabajo y Enfermedades Profesionales de la Seguridad Social.

2. Los contratos que tienen por objeto la adquisición, el arrendamiento financiero, o el arrendamiento, con o sin opción de compra, de productos o bienes muebles, son:

a) Contratos de servicios.

b) Contratos de suministro.

c) Contratos de obras.

d) Contratos de gestión de servicios públicos.

3. No se consideran contratos de suministros:

a) Aquellos en los que el empresario se obligue a entregar una pluralidad de bienes de forma sucesiva y por precio unitario sin que la cuantía total se defina con exactitud al tiempo de celebrar el contrato, por estar subordinadas las entregas a las necesidades del adquirente.

b) Los que tengan por objeto la adquisición y el arrendamiento de equipos y sistemas de telecomunicaciones o para el tratamiento de la información, sus dispositivos y programas, y la cesión del derecho de uso de estos últimos.

c) Los de adquisición de programas de ordenador desarrollados a medida.

d) Los de fabricación, por los que la cosa o cosas que hayan de ser entregadas por el empresario deban ser elaboradas con arreglo a características peculiares fijadas previamente por la entidad contratante, aun cuando esta se obligue a aportar, total o parcialmente, los materiales precisos.

4. Están sujetos a regulación armonizada los contratos de obras y los contratos de concesión de obras públicas cuyo valor estimado sea igual o superior a:

a) 5.538.000 euros.
b) 6.581.000 euros.
c) 8.615.000 euros.
d) 1.861.000 euros.

5. De los siguientes, son contratos privados los contratos celebrados por una Administración Pública que tengan por objeto:

a) La suscripción a revistas, publicaciones periódicas y bases de datos.
b) La concesión de servicios públicos.
c) Los contratos de colaboración entre el sector público y el sector privado.
d) La adquisición de suministros.

6. Conforme al artículo 1.3 de la Ley 9/2017, siempre que guarde relación con el objeto del contrato, en toda contratación pública se incorporarán de manera transversal y preceptiva criterios sociales y:

a) Divulgativos.
b) Comunitarios.
c) Medioambientales.
d) Judiciales.

7. Conforme al artículo 3.4 de la Ley 9/2017, los partidos políticos, cuando cumplan los requisitos para ser poder adjudicador y respecto de los contratos sujetos a regulación armonizada, deberán actuar conforme a los principios de publicidad, concurrencia, transparencia, igualdad y:

a) No discriminación.
b) Eficacia.
c) Sometimiento a las leyes.
d) Legitimidad.

8. En virtud de la Ley 9/2017 (art. 6.1.a), se presumirá que las entidades intervinientes en un convenio tienen vocación de mercado cuando realicen en el mercado abierto un porcentaje de las actividades objeto de colaboración igual o superior a:

a) El 10%.
b) El 20%.
c) El 50%.
d) El 30%.

9. Se incluyen en el ámbito de aplicación de la Ley 9/2017:

a) Las relaciones jurídicas consistentes en la prestación de un servicio público cuya utilización por los usuarios requiera el abono de una tarifa, tasa o precio público de aplicación general.

b) Las encomiendas de gestión reguladas en la legislación vigente en materia de régimen jurídico del sector público.

c) Los contratos relativos a servicios de arbitraje y conciliación.

d) Los contratos subvencionados por entidades que tengan la consideración de poderes adjudicadores que celebren otras personas físicas o jurídicas en los supuestos previstos en el artículo 23 relativo a los contratos subvencionados sujetos a una regulación armonizada.

10. Un conjunto de trabajos de construcción o de ingeniería civil, destinado a cumplir por sí mismo una función económica o técnica, que tenga por objeto un bien inmueble, es denominado por la Ley 9/2017:

a) Una infraestructura.
b) Patrimonio material.
c) Una obra.
d) Un servicio público.

11. En un contrato de concesión de obras, cuando no esté garantizado que, en condiciones normales de funcionamiento, el concesionario vaya a recuperar las inversiones realizadas ni a cubrir los costes en que hubiera incurrido como consecuencia de la explotación de las obras que sean objeto de la concesión, se considerará que el mismo asume un riesgo:

a) Operacional.
b) Virtual.
c) General.
d) Provisional.

12. Los contratos que tengan por objeto la adquisición de energía primaria o energía transformada se consideran:

a) Contratos de concesión de servicios.
b) Contratos de suministros.
c) Contratos privados.
d) Contratos de servicios.

13. Deberá elaborarse un proyecto y tramitarse como la Ley 9/2017 dispone para los contratos de obras, el contrato mixto en que un elemento del contrato sea una obra y esta supere:

a) Los 50.000 euros.
b) Los 100.000 euros.

c) Los 5.000 euros.
d) Los 10.000 euros.

14. No podrán ser objeto de los contratos de servicios:

a) Los que impliquen ejercicio de la autoridad inherente a los poderes públicos.

b) Los que impliquen el desarrollo o mantenimiento de aplicaciones informáticas.

c) Los que tengan por objeto el desarrollo y la puesta a disposición de productos protegidos por un derecho de propiedad intelectual o industrial.

d) Los que tengan por objeto la prestación de actividades docentes en centros del sector público desarrolladas en forma de cursos de formación o perfeccionamiento del personal al servicio de la Administración.

15. Se consideran sujetos a regulación armonizada los contratos:

a) Relativos al tiempo de radiodifusión o al suministro de programas que sean adjudicados a proveedores del servicio de comunicación audiovisual o radiofónica.

b) De concesión adjudicados para la puesta a disposición o la explotación de redes fijas destinadas a prestar un servicio al público en relación con la producción, el transporte o la distribución de agua potable.

c) De concesión de obras cuyo valor estimado sea igual o superior a 5.538.000 euros.

d) Que tengan por objeto los servicios de certificación y autenticación de documentos que deban ser prestados por un notario público.

En MADTEST tienes **más preguntas de este tema**, y todos tus avances quedan registrados y se reflejan en el ranking.

¡Supera tus límites con MADTEST!

Solución al test n.º 8

1. d) Los contratos onerosos, cualquiera que sea su naturaleza jurídica, que celebren las Mutuas de Accidentes de Trabajo y Enfermedades Profesionales de la Seguridad Social.

2. b) Contratos de suministro.

3. c) Los de adquisición de programas de ordenador desarrollados a medida.

4. a) 5.538.000 euros.

5. a) La suscripción a revistas, publicaciones periódicas y bases de datos.

6. c) Medioambientales.

7. a) No discriminación.

8. b) El 20%.

9. d) Los contratos subvencionados por entidades que tengan la consideración de poderes adjudicadores que celebren otras personas físicas o jurídicas en los supuestos previstos en el artículo 23 relativo a los contratos subvencionados sujetos a una regulación armonizada.

10. c) Una obra.

11. a) Operacional.

12. b) Contratos de suministros.

13. a) Los 50.000 euros.

14. a) Los que impliquen ejercicio de la autoridad inherente a los poderes públicos.

15. c) De concesión de obras cuyo valor estimado sea igual o superior a 5.538.000 euros.

El Estatuto Básico del Empleado Público: Objeto y ámbito de aplicación. El personal al servicio de las Administraciones Públicas. Ley de Función Pública de Extremadura: Objeto, principios rectores y ámbito de aplicación. Órganos competentes en materia de función Pública. Personal al Servicio de las Administraciones Públicas de Extremadura

1. El artículo 1.3 del Real Decreto Legislativo 5/2015, de 30 de octubre, por el que se aprueba el Texto Refundido de la Ley del Estatuto Básico del Empleado Público (EBEP), señala como medio para garantizar la objetividad, profesionalidad e imparcialidad en el servicio:

a) La inamovilidad en la condición de funcionario de carrera.
b) El acceso a la función pública por criterios de mérito y capacidad.
c) La autonomía de los órganos administrativos.
d) El sistema de incompatibilidades de los empleados públicos.

2. El artículo 1.3 del EBEP, refleja como un fundamento de actuación el servicio a los ciudadanos y a:

a) Los intereses generales.
b) Los derechos y libertades de los ciudadanos.
c) Las Administraciones Públicas.
d) La Ley y el Derecho.

3. En la atribución, ordenación y desempeño de las funciones y tareas, el artículo 1.3. del EBEP señala como fundamento de actuación:

a) La igualdad.
b) La jerarquía.
c) La eficacia.
d) La transparencia.

4. En la clasificación de los empleados públicos que realiza el artículo 8 del EBEP, no figura:

a) Funcionario interino.
b) Personal laboral.
c) Funcionario de carrera.
d) Personal temporal.

5. Los funcionarios interinos serán nombrados por razones expresamente justificadas de necesidad y:

a) Economía.
b) Eficacia.
c) Urgencia.
d) Calidad.

6. El EBEP contiene:

a) Aquello que es común al conjunto de los empleados públicos de todas las Administraciones Públicas.
b) Las normas legales específicas aplicables a los empleados públicos de todas las Administraciones Públicas.
c) Aquello que es común al conjunto de los funcionarios de todas las Administraciones Públicas, más las normas legales específicas aplicables al personal laboral a su servicio.
d) Aquello que es común al conjunto del personal laboral de todas las Administraciones Públicas, más las normas legales específicas aplicables al personal funcionario a su servicio.

7. Las disposiciones del EBEP sólo se aplicarán directamente cuando así lo disponga su legislación específica al siguiente personal:

a) El personal funcionario de las entidades locales.
b) El personal estatutario de los Servicios de Salud.
c) Personal de las Fuerzas y Cuerpos de Seguridad.
d) El personal docente.

8. En relación con el personal eventual, el EBEP dispone que:

a) El número máximo de este tipo de personal se establecerá por ley de las Cortes Generales o de las Asambleas legislativas de las Comunidades Autónomas.
b) El cese de este personal no va ligado, en ningún caso, al de la autoridad a la que se preste la función de confianza o asesoramiento.
c) La condición de personal eventual constituye mérito para el acceso a la Función Pública y para la promoción interna.
d) Este personal solo realiza funciones expresamente calificadas como de confianza o asesoramiento especial.

9. En relación con el personal directivo, el EBEP establece que:

a) Su designación atenderá a principios de mérito y capacidad.
b) Su designación atenderá a criterios de eficacia y eficiencia.
c) La determinación de sus condiciones de empleo serán objeto de negociación colectiva.
d) Cuando el personal directivo reúna la condición de funcionario estará sometido a la relación laboral de carácter especial de alta dirección.

10. Según el EBEP, pueden nombrarse funcionarios interinos para la ejecución de programas de carácter temporal, que no podrán tener una duración:

a) Inferior a 12 meses ni superior a 3 años.
b) Inferior a 3 años.
c) Superior a 3 años, ampliables hasta 12 meses más por las leyes de Función Pública que se dicten en desarrollo del EBEP.
d) Superior a 12 meses, prorrogables hasta 3 meses más.

11. El personal laboral al servicio de las Administraciones Públicas NO puede desempeñar puestos:

a) Correspondientes a áreas de actividades que requieran conocimientos técnicos especializados.
b) En el extranjero con funciones administrativas de trámite y colaboración y auxiliares, aunque comporten manejo de máquinas, archivo y similares.
c) Cuyas actividades sean propias de oficios.
d) Que impliquen la participación directa o indirecta en la salvaguardia de los intereses generales del Estado y de las Administraciones Públicas.

12. Basándonos en el artículo 12 de la Ley de Función Pública de Extremadura, no es una clase de empleado público:

a) Funcionario de carrera.
b) Personal laboral fijo.
c) Funcionario interino.
d) Funcionario eventual.

13. A los efectos de la Ley 13/2015, los funcionarios de carrera son aquellos quienes, en virtud de nombramiento legal, están vinculados a una Administración Pública de Extremadura por una relación estatutaria regulada por:

a) El Derecho Laboral.
b) El Derecho Administrativo.
c) El Derecho Civil.
d) El Derecho Constitucional.

14. Pueden nombrarse funcionarios interinos para la ejecución de programas de carácter temporal, que no podrán tener una duración:

a) Inferior a 12 meses ni superior a 3 años.
b) Inferior a 3 años.
c) Superior a 3 años.
d) Superior a 12 meses.

15. Según el artículo 16 de la Ley 13/2015, pueden nombrarse funcionarios interinos por exceso o acumulación de tareas por plazo:

a) Máximo de seis meses, dentro de un periodo de doce meses.
b) Mínimo de 6 meses y máximo de 12 meses.
c) Máximo de 12 meses.
d) Máximo de 12 meses dentro de un periodo de 3 años.

En MADTEST tienes **más preguntas de este tema**, y todos tus avances quedan registrados y se reflejan en el ranking.

¡Supera tus límites con MADTEST!

Solución al test n.º 9

1. a) La inamovilidad en la condición de funcionario de carrera.

2. a) Los intereses generales.

3. b) La jerarquía.

4. d) Personal temporal.

5. c) Urgencia.

6. c) Aquello que es común al conjunto de los funcionarios de todas las Administraciones Públicas, más las normas legales específicas aplicables al personal laboral a su servicio.

7. c) Personal de las Fuerzas y Cuerpos de Seguridad.

8. d) Este personal solo realiza funciones expresamente calificadas como de confianza o asesoramiento especial.

9. a) Su designación atenderá a principios de mérito y capacidad.

10. c) Superior a 3 años, ampliables hasta 12 meses más por las leyes de Función Pública que se dicten en desarrollo del EBEP.

11. d) Que impliquen la participación directa o indirecta en la salvaguardia de los intereses generales del Estado y de las Administraciones Públicas.

12. d) Funcionario eventual.

13. b) El Derecho Administrativo.

14. c) Superior a 3 años.

15. a) Máximo de seis meses, dentro de un periodo de doce meses.

El Estatuto Marco del personal estatutario de los Servicios de Salud (I): Provisión de plazas, selección y promoción interna. Movilidad del personal. Carrera profesional. Jornada de trabajo, permisos y licencias. Situaciones del personal estatutario. Régimen disciplinario

1. Podrá concurrir a las pruebas selectivas, por el sistema de promoción interna, el personal estatutario fijo que se encuentre en servicio activo y con nombramiento como personal estatutario fijo, en la categoría de procedencia, durante al menos:

a) 2 años.
b) 3 años.
c) 4 años.
d) 5 años.

2. Los procedimientos de selección de personal estatutario temporal se basarán en diferentes principios recogidos en el artículo 33.1 del Estatuto Marco del personal estatutario de los servicios de salud, entre los que no está el principio de:

a) Mérito.
b) Publicidad.
c) Solidaridad.
d) Capacidad.

3. Según el Estatuto Marco, la selección de personal estatutario fijo se efectuará con carácter general a través del sistema de:

a) Oposición.
b) Concurso-oposición.
c) Concurso.
d) Pruebas selectivas.

4. Los miembros de los órganos de selección de personal estatutario deberán:

a) Ostentar la condición de personal estatutario fijo.
b) Ostentar la condición de personal estatutario o laboral.

c) Ostentar la condición de funcionario de carrera o estatutario fijo de las Administraciones Públicas o laboral de los centros vinculados al Sistema Nacional de Salud.

d) Ostentar la condición de personal funcionario, estatutario o laboral del Sistema Nacional de Salud.

5. Según el Estatuto Marco, cuando la selección para personal estatutario fijo de los Servicios de Salud se realice en función de las características socio-profesionales del colectivo que pueda acceder a las pruebas o de las funciones a desarrollar, se podrá realizar a través del sistema de:

a) Oposición.
b) Concurso-oposición.
c) Concurso.
d) Promoción interna.

6. Solo una de las siguientes afirmaciones referidas a la "movilidad voluntaria" es cierta dentro de las prescripciones del Estatuto Marco del personal estatutario. ¿Cuál?

a) Los procedimientos se han de efectuar cada dos años.
b) Se garantiza en términos de igualdad efectiva entre los diferentes Servicios de Salud.
c) En casos excepcionales se pueden resolver los procedimientos por libre designación.
d) El plazo posesorio en el nuevo destino es siempre de un mes.

7. Cuando de un procedimiento de movilidad se derive cambio del servicio de salud de destino, el Estatuto Marco establece un plazo posesorio de:

a) Un mes.
b) Treinta días.
c) Quince días.
d) Diez días.

8. Según el Estatuto Marco, siempre que la duración de la jornada exceda de seis horas continuadas, deberá establecerse un periodo de descanso durante la misma de al menos:

a) 10 minutos.
b) 15 minutos.
c) 20 minutos.
d) 30 minutos.

9. La jornada realizada por el personal estatutario fuera de la jornada ordinaria de trabajo con el fin de garantizar la adecuada atención permanente al usuario de los centros sanitarios, se denomina:

a) Jornada extraordinaria.
b) Jornada complementaria.

c) Jornada partida.
d) Jornada de servicios localizados.

10. El Estatuto Marco del personal estatutario regula las vacaciones anuales respecto de su duración en términos de:

a) Un mes.
b) Treinta días naturales.
c) No inferior a treinta días naturales.
d) El mes natural en que se disfrute.

11. Según el Estatuto Marco del personal estatutario, la situación de excedencia voluntaria por interés particular obliga a un periodo mínimo de permanencia en ella de:

a) Un año.
b) Dos años.
c) Doce meses.
d) No establece periodo mínimo.

12. El personal estatutario que acceda a plaza de formación sanitaria especializada mediante residencia, será declarado en situación de:

a) Servicios especiales.
b) Servicios bajo otro régimen jurídico.
c) Excedencia voluntaria.
d) Excedencia por servicios en el sector público.

13. ¿Qué tiempo máximo puede estar un trabajador en una situación de suspensión de funciones por sanción disciplinaria?

a) 6 años.
b) 1 mes.
c) 1 año.
d) 5 años.

14. Para poder obtener la excedencia voluntaria por interés particular es necesario haber prestado servicios efectivos en cualquiera de las Administraciones Públicas durante:

a) Los cinco años inmediatamente anteriores.
b) Los cuatro años inmediatamente anteriores.
c) El año inmediatamente anterior.
d) No se exige periodo mínimo de prestación efectiva de servicios.

15. Según el Estatuto Marco entre las situaciones administrativas del personal estatutario puede estar:

a) Servicio preferente en otra Comunidad Autónoma.
b) En régimen de cesión en la Administración General de Estado.
c) Destacado en los Servicios provinciales de las Delegaciones de Hacienda.
d) Suspensión de funciones.

En MADTEST tienes **más preguntas de este tema,** y todos tus avances quedan registrados y se reflejan en el ranking.

¡Supera tus límites con MADTEST!

Solución al test n.º 10

1. a) 2 años.

2. c) Solidaridad.

3. b) Concurso-oposición.

4. c) Ostentar la condición de funcionario de carrera o estatutario fijo de las Administraciones Públicas o laboral de los centros vinculados al Sistema Nacional de Salud.

5. a) Oposición.

6. b) Se garantiza en términos de igualdad efectiva entre los diferentes Servicios de Salud.

7. a) Un mes.

8. b) 15 minutos.

9. b) Jornada complementaria.

10. c) No inferior a treinta días naturales.

11. b) Dos años.

12. a) Servicios especiales.

13. a) 6 años.

14. a) Los cinco años inmediatamente anteriores.

15. d) Suspensión de funciones.

El Estatuto Marco del personal estatutario de los Servicios de Salud (II): Retribuciones. Criterios Generales. Retribuciones básicas, complementarias y del personal temporal

1. Según la Ley 55/2003, de 16 de diciembre, del Estatuto Marco del personal estatutario de los servicios de salud, la cuantía de las retribuciones se adecuará a lo que dispongan:

a) Las leyes.
b) Las correspondientes leyes de presupuestos.
c) Los órganos de gobierno.
d) Las disposiciones reglamentarias que las regulen.

2. La ley 55/2003 estructura el sistema retributivo del personal estatutario en:

a) Retribuciones básicas, complementarias y productividad.
b) Retribuciones básicas, complementarias y específicas.
c) Retribuciones básicas, complementarias y pagas extra.
d) Retribuciones básicas y complementarias.

3. El sistema retributivo del personal estatutario responde al principio de:

a) Equilibrio presupuestario.
b) Revisión automática.
c) Mérito y capacidad.
d) Cualificación técnica y profesional.

4. El sistema retributivo del personal estatutario se estructura en:

a) Retribuciones básicas y retribuciones complementarias.
b) Sueldo y complementos.
c) Retribuciones fijas y retribuciones variables.
d) Sueldo, complementos y dietas.

5. En relación a las retribuciones del personal estatutario es cierto que son iguales en todos los Servicios de Salud:

a) Los complementos.
b) Las retribuciones básicas y las cuantías del sueldo y los trienios.
c) El sueldo y el complemento de destino.
d) Todas las retribuciones.

6. Las pagas extraordinarias del personal estatutario serán:

a) Dos al año y se devengarán inexcusablemente en los meses de junio y diciembre.
b) Tres al año y se devengarán preferentemente en los meses de marzo, junio y diciembre.
c) Tres al año y se devengarán obligatoriamente en los meses de junio, septiembre y diciembre.
d) Dos al año y se devengarán preferentemente en los meses de junio y diciembre.

7. El importe anual del complemento de destino se abonará:

a) En las dos pagas extraordinarias.
b) En 12 pagas.
c) En 14 pagas.
d) En las tres pagas extraordinarias.

8. Cuál de los siguientes complementos está destinado a retribuir el especial rendimiento, el interés o la iniciativa del titular del puesto, así como su participación en programas o actuaciones concretas y la contribución del personal a la consecución de los objetivos programados, previa evaluación de los resultados conseguidos:

a) El complemento de destino.
b) El complemento de carrera.
c) El complemento de productividad.
d) El complemento específico.

9. Es una retribución básica del personal estatutario:

a) El complemento de destino.
b) El complemento de carrera.
c) Las pagas extraordinarias.
d) El complemento de productividad.

10. El complemento de productividad no está destinado a retribuir:

a) El especial rendimiento, el interés o la iniciativa del titular del puesto.
b) La participación en programas o actuaciones concretas.

c) La contribución del personal a la consecución de los objetivos programados.

d) Las condiciones particulares de algunos puestos.

11. No es correcto, en relación a las retribuciones del personal estatutario, que:

a) Podrá asignarse más de un complemento específico a cada puesto por una misma circunstancia.

b) El importe anual del complemento de destino se abonará en catorce pagas.

c) Las retribuciones complementarias son fijas o variables.

d) Las retribuciones básicas y las cuantías del sueldo y los trienios serán iguales en todos los Servicios de Salud.

12. La especial dificultad técnica, dedicación, responsabilidad, incompatibilidad, peligrosidad o penosidad de algunos puestos de trabajo del Personal Estatutario, se retribuye a través del:

a) Complemento de destino.

b) Complemento de atención continuada.

c) Complemento específico.

d) Complemento de productividad.

13. Las retribuciones del personal estatutario que se orientan prioritariamente a la motivación del personal, a la incentivación de la actividad y la calidad del servicio, a la dedicación y a la consecución de los objetivos planificados, se denominan:

a) Retribuciones básicas.

b) Retribuciones especiales.

c) Retribuciones complementarias.

d) Retribuciones específicas.

14. Los efectos económicos de los nuevos trienios que se reconozcan al personal estatutario de los servicios de salud serán:

a) Del primer día del mismo mes en que perfecciona el trienio.

b) Del primer día del mes siguiente a su vencimiento.

c) El último día del mismo mes de su vencimiento.

d) Del mismo día en que se perfeccione el trienio.

15. ¿Qué concepto retributivo no es retribución básica según la Ley 55/2003, de 16 de diciembre, Estatuto Marco del Personal Estatutario de los Servicios de Salud?

a) El sueldo.

b) Los trienios.

c) Las pagas extraordinarias.
d) El complemento específico.

En MADTEST tienes **más preguntas de este tema**, y todos tus avances quedan registrados y se reflejan en el ranking.

¡Supera tus límites con MADTEST!

Solución al test n.º 11

1. b) Las correspondientes leyes de presupuestos.

2. d) Retribuciones básicas y complementarias.

3. d) Cualificación técnica y profesional.

4. a) Retribuciones básicas y retribuciones complementarias.

5. b) Las retribuciones básicas y las cuantías del sueldo y los trienios.

6. d) Dos al año y se devengarán preferentemente en los meses de junio y diciembre.

7. c) En 14 pagas.

8. c) El complemento de productividad.

9. c) Las pagas extraordinarias.

10. d) Las condiciones particulares de algunos puestos.

11. a) Podrá asignarse más de un complemento específico a cada puesto por una misma circunstancia.

12. c) Complemento específico.

13. c) Retribuciones complementarias.

14. b) Del primer día del mes siguiente a su vencimiento.

15. d) El complemento específico.

TEST N.º 12

**El Régimen General de la Seguridad Social (I):
Campo de aplicación. Inscripción de empresas y
normas sobre afiliación, cotización y recaudación.
Aspectos comunes a la acción protectora**

1. Los niveles del Sistema de Seguridad Social son:

a) Nivel contributivo y no contributivo.
b) Nivel del Régimen General y Regímenes Especiales.
c) Nivel del Régimen General y Régimen de Trabajadores Autónomos.
d) Nivel público y nivel privado.

2. Son Regímenes Especiales del Sistema de la Seguridad Social:

a) Régimen Especial de Trabajadores Autónomos.
b) Régimen Especial de Empleados del Hogar.
c) Régimen Especial Agrario.
d) Todas las anteriores son correctas.

3. No estaría incluido en el Régimen General de la Seguridad Social

a) Pareja de hecho del empresario que trabaja para él/ella.
b) Persona que trabaja en el Ayuntamiento de una localidad.
c) Un trabajador que tiene una relación laboral especial.
d) Un trabajador autónomo económicamente dependiente (TRADE).

**4. ¿Qué obligación tiene el empresario con Seguridad Social si desea contratar
a trabajadores?**

a) Ninguna.
b) Solicitar el alta del trabajador que pretende contratar.

c) Solicitar su inscripción ante la Dirección Provincial de la Tesorería General de la Seguridad Social.

d) Solicitar su inscripción ante la autoridad laboral.

5. Según el art.11 del Real Decreto 84/1996 la solicitud de inscripción del empresario deberá contener:

a) Los datos relativos al centro de trabajo, o centros de trabajo, de la empresa.

b) La escritura de constitución de la empresa o la certificación del registro correspondiente en el caso de que se trate de una sociedad que requiera inscripción.

c) La entidad gestora y/o la entidad o entidades colaboradoras por las que opta para la cobertura de las contingencias profesionales o de la prestación económica por incapacidad temporal derivada de contingencias comunes.

d) Todas las anteriores.

6. La afiliación al Régimen General de la Seguridad Social se insta:

a) Una única vez, al iniciar la andadura profesional la persona.

b) Cada vez que el trabajador cambia de empresario.

c) Cada vez que el trabajador cambia de puesto de trabajo.

d) Cada vez que quiera el trabajador y/o el empresario.

7. Es/son sujeto/s responsable/s de la obligación de cotizar en el Régimen General de la Seguridad Social:

a) El trabajador.

b) El empresario.

c) El trabajador y el empresario.

d) La Seguridad Social.

8. La cantidad que mensualmente se ha de ingresar en Tesorería General de la Seguridad Social se denomina:

a) Tipo de cotización.

b) Cuota.

c) Base reguladora.

d) Ninguna de las anteriores.

9. La diferencia entre la base de cotización por contingencias comunes y profesionales es:

a) Ninguna.

b) Que en la base de cotización por contingencias profesionales se incluye la prorrata de pagas extraordinarias. En la base de cotización por contingencias comunes no se incluye esa prorrata.

c) Que en la base de cotización por contingencias comunes se incluye la prorrata de pagas extraordinarias, a diferencia de la base de cotización por contingencias profesionales.

d) Que en la base de cotización por contingencias profesionales se incluye lo abonado en concepto de horas extraordinarias.

10. ¿Cuál de las siguientes manifestaciones en torno a las bases de cotización es verdadera?

a) Solo existen bases máximas de cotización, no mínimas.

b) Solo existen bases mínimas de cotización, no máximas.

c) Solo existen bases mínimas y máximas de cotización por contingencias comunes.

d) No existe una base máxima o mínima de cotización por horas extraordinarias.

11. ¿Cuál de las siguientes afirmaciones es falsa?

a) El trabajador no cotiza por FOGASA.

b) El trabajador sí cotiza por FOGASA, al igual que el empresario.

c) El trabajador y empresario cotizan por contingencias comunes.

d) Tanto el trabajador como el empresario cotizan por desempleo.

12. La obligación de cotizar se suspende:

a) En vacaciones.

b) Durante una incapacidad temporal.

c) En el supuesto de huelga.

d) Cuando la relación laboral finaliza.

13. Es competente para llevar a cabo la gestión recaudatoria:

a) El INSS.

b) La TGSS.

c) La autoridad laboral.

d) La autoridad judicial.

14. El ingreso de cuotas en periodo voluntario se lleva a cabo con carácter general:

a) Una vez han transcurrido dos meses desde su devengo.

b) En el mismo mes al que se refiere la cotización.

c) Dentro del mes siguiente al que corresponde su devengo.

d) Depende del tipo de cotización al que se refieren esas cuotas.

15. La diferencia entre subsidios y pensiones es:

a) Los subsidios son temporales y las pensiones tienen carácter -en principio- vitalicio.

b) Las pensiones tienen carácter temporal y los subsidios -en principio- carácter vitalicio.

c) Siempre se abona una cantidad superior en concepto de subsidio que en concepto de pensión.

d) Son términos sinónimos.

En MADTEST tienes **más preguntas de este tema**, y todos tus avances quedan registrados y se reflejan en el ranking.

¡Supera tus límites con MADTEST!

Solución al test n.º 12

1. a) Nivel contributivo y no contributivo.

2. a) Régimen Especial de Trabajadores Autónomos.

3. d) Un trabajador autónomo económicamente dependiente (TRADE).

4. c) Solicitar su inscripción ante la Dirección Provincial de la Tesorería General de la Seguridad Social.

5. d) Todas las anteriores.

6. a) Una única vez, al iniciar la andadura profesional la persona.

7. b) El empresario.

8. b) Cuota.

9. d) Que en la base de cotización por contingencias profesionales se incluye lo abonado en concepto de horas extraordinarias.

10. d) No existe una base máxima o mínima de cotización por horas extraordinarias.

11. b) El trabajador sí cotiza por FOGASA, al igual que el empresario.

12. c) En el supuesto de huelga.

13. b) La TGSS.

14. c) Dentro del mes siguiente al que corresponde su devengo.

15. a) Los subsidios son temporales y las pensiones tienen carácter -en principio- vitalicio.

Ley General de la Seguridad Social (II): Régimen General de la Seguridad Social: Incapacidad temporal. Nacimiento y cuidado de menor. Corresponsabilidad en el cuidado del lactante. Riesgo durante el embarazo. Riesgo durante la lactancia natural. Cuidado de me¬nores afectados por cáncer u otra enfermedad grave. Incapacidad permanente contributiva) Lesiones permanentes no incapacitantes. Jubilación en su modalidad contributiva

1. La incapacidad temporal:

a) Exige que el trabajador precise asistencia médica.
b) Es necesario que no pueda prestar sus servicios temporalmente.
c) La causa puede ser una contingencia común o profesional.
d) Todas las anteriores son correctas.

2. La incapacidad temporal es causa de:

a) Suspensión del contrato de trabajo.
b) Interrupción del contrato de trabajo.
c) Extinción del contrato de trabajo.
d) No incide sobre el contrato de trabajo.

3. Para causar derecho a la prestación de incapacidad temporal se requiere:

a) Estar de alta o en situación asimilada al alta.
b) Haber cotizado previamente durante un periodo determinado.
c) Las dos anteriores son correctas.
d) Ninguna de las anteriores es correcta.

4. Elsa, trabajadora por cuenta ajena, sufre un accidente al desplazarse desde su domicilio al puesto de trabajo. Como consecuencia de ello, se le declara inmersa en una situación de incapacidad temporal. Para tener derecho a la prestación se le exigirá:

a) Estar de alta o en situación asimilada al alta.

b) Reunir un periodo de cotización mínimo de 180 días en los 5 años inmediatamente anteriores al accidente.

c) Las dos primeras son correctas.

d) No se le exige requisito alguno, al ser un accidente de trabajo.

5. Luis, trabajador por cuenta ajena, está en situación de incapacidad temporal por un proceso gripal. Para tener derecho a la prestación se le requerirá:

a) Estar de alta o en situación asimilada al alta.

b) Reunir un periodo de cotización mínimo de 180 días en los 5 años inmediatamente anteriores al accidente.

c) Las dos primeras son correctas.

d) No se le exige requisito alguno, al ser una enfermedad común.

6. ¿Cuál de las siguientes manifestaciones en torno a la incapacidad temporal es cierta?

a) La base reguladora de la prestación si la contingencia hubiera sido profesional es inferior a la que resultaría si la contingencia fuera común.

b) Durante la incapacidad temporal el trabajador no ha de cotizar.

c) La prestación consiste en un porcentaje que se aplica sobre la base reguladora.

d) Durante la incapacidad temporal el trabajador percibe salario.

7. En la incapacidad temporal derivada de enfermedad común o accidente no laboral:

a) Durante los tres primeros días no se percibe prestación.

b) Durante los tres primeros días se percibe salario.

c) Si fue por accidente no laboral, la prestación comienza a devengarse a partir del primer día.

d) Se percibe la prestación a partir del decimoquinto día de la baja.

8. Para calcular la base reguladora de la prestación de incapacidad temporal por contingencias profesionales:

a) Se tiene en cuenta la cotización por horas extraordinarias del mes anterior a la baja.

b) Se tiene en cuenta la cotización por horas extraordinarias del año anterior a la baja.

c) No se tiene en cuenta la cotización por horas extraordinarias.

d) Se tiene en cuenta solamente la base de cotización por contingencias comunes del mes antes a la baja.

9. El porcentaje que se aplica a la base reguladora para calcular la prestación de incapacidad temporal derivada de una contingencia profesional es:

a) 75%.
b) Durante los días 4 al 21 es el 60%.
c) 60%.
d) 100%.

10. La duración máxima de un proceso de incapacidad temporal es de:

a) 360 días improrrogables.
b) 545 días.
c) Un año que se puede prorrogar por medio año más.
d) No tiene duración máxima) Dura lo que dure la patología que incide sobre el trabajador.

11. La menstruación incapacitante puede ser causa de incapacidad temporal, requiriéndose de la mujer trabajadora que acredite:

a) Haber cotizado previamente un número de años que depende de su edad.
b) Tan solo que está dada de alta o situación asimilada al alta en Seguridad Social.
c) 360 días cotizados durante toda su vida laboral.
d) Que reúna un periodo de cotización previa de 180 días en los últimos 5 años.

12. El donante de órganos (con efectos a partir del 3 de marzo de 2025) estará en situación de incapacidad temporal siempre que:

a) Acredite un periodo de cotización igual al que se le requiere cuando sufre una contingencia común.
c) Esté dado de alta o en situación asimilada al alta en el Régimen General de la Seguridad Social.
d) La donación no se haga a favor de un miembro de su familia.

13. El donante de órganos percibirá en concepto de prestación por incapacidad temporal:

a) El 100% de su base reguladora.
b) Se aplican los mismos porcentajes que para el cálculo de la prestación de incapacidad temporal derivada de contingencia común.
c) Se aplican los mismos porcentajes que los que se tienen en cuenta para calcular el subsidio de incapacidad temporal que se origina con ocasión de una contingencia profesional.
d) Percibe salario, no prestación.

14. La prestación de incapacidad temporal es incompatible con:

a) El trabajo por cuenta ajena.
b) El trabajo por cuenta propia.

c) La percepción de la prestación por desempleo total.

d) Todas las anteriores son correctas.

15. Cuál de las siguientes afirmaciones con relación a las prestaciones por nacimiento y cuidado de menor es cierta:

a) Solo ampara las situaciones de parto natural.

b) Tutela la situación de acogimiento siempre que este dure, al menos, 1 año.

c) Se prevé para los supuestos de adopción, guarda con fines de adopción, acogimiento familiar o parto natural.

d) La c) siempre que el acogimiento tenga una duración no inferior al año.

En MADTEST tienes **más preguntas de este tema**, y todos tus avances quedan registrados y se reflejan en el ranking.

¡Supera tus límites con MADTEST!

Solución al test n.º 13

1. d) Todas las anteriores son correctas.

2. a) Suspensión del contrato de trabajo.

3. d) Ninguna de las anteriores es correcta.

4. a) Estar de alta o en situación asimilada al alta.

5. c) Las dos primeras son correctas.

6. c) La prestación consiste en un porcentaje que se aplica sobre la base reguladora.

7. a) Durante los tres primeros días no se percibe prestación.

8. b) Se tiene en cuenta la cotización por horas extraordinarias del año anterior a la baja.

9. a) 75%.

10. b) 545 días.

11. b) Tan solo que está dada de alta o situación asimilada al alta en Seguridad Social.

12. c) Esté dado de alta o en situación asimilada al alta en el Régimen General de la Seguridad Social.

13. a) El 100% de su base reguladora.

14. c) La percepción de la prestación por desempleo total.

15. c) Se prevé para los supuestos de adopción, guarda con fines de adopción, acogimiento familiar o parto natural.

Ley General de Sanidad: El derecho a la protección de la salud. El sistema de salud. Las competencias de las Administraciones Públicas. La estructura del Sistema Sanitario Público: La organización general del sistema sanitario público, los Servicios de Salud de las Comunidades Autónomas y las Áreas de Salud

1. Según el artículo 9.2 de la Constitución española ¿a qué órgano corresponde promover las condiciones para que la libertad y la igualdad del individuo y de los grupos en que se integra sean reales y efectivas, remover los obstáculos que impidan o dificulten su plenitud y facilitar la participación de todos los ciudadanos en la vida política, económica, cultural y social?

a) A las Administraciones públicas.
b) A la Administración Sanitaria pública.
c) A los poderes públicos.
d) Al Estado y a las Comunidades autónomas.

2. Al amparo de qué artículo de la Constitución Española se promulga con el carácter de norma básica la Ley 14/1986, de 25 de abril, General de Sanidad:

a) Del artículo 149.1.16
b) Del artículo 149.1.19
c) Del artículo 148.1.23
d) Del artículo 148.1.13

3. La estructura del Sistema Sanitario Público, se regula en el siguiente título de la Ley General de Sanidad:

a) Título II.
b) Título VI.
c) Título IV.
d) Título III.

4. ¿Qué principio introduce la Ley General de Sanidad cuando dispone que "la asistencia sanitaria pública se extenderá a toda la población española"?

a) El principio de solidaridad del derecho a la asistencia sanitaria.
b) El principio de promoción del derecho a la asistencia sanitaria.
c) El principio de la universalidad del derecho a la asistencia sanitaria.
d) El principio de igualdad del derecho a la asistencia sanitaria.

5. La Ley General de Sanidad tiene por objeto:

a) La reforma del sistema sanitario privado.
b) Las necesidades de mejora en los servicios prestados a los ciudadanos extranjeros.
c) La distribución de competencias entre el Estado y las Comunidades Autónomas y las Corporaciones Locales.
d) Hacer efectivo el derecho a la protección de la salud.

6. A tenor de la Ley General de Sanidad, los poderes públicos procederán, mediante el correspondiente desarrollo normativo, a la aplicación de la facultad de elección de médico en la atención primaria del Área de Salud. ¿En qué núcleos de población se podrá elegir en el conjunto de la ciudad?

a) En los núcleos de población de más de 250.000 habitantes.
b) En los núcleos de población de más de 225.000 habitantes.
c) En los núcleos de población de más de 200.000 habitantes.
d) En los núcleos de población de más de 150.000 habitantes.

7. Según la Ley General de Sanidad, la valoración de la idoneidad sanitaria de los medicamentos y demás productos y artículos sanitarios, tanto para autorizar su circulación y uso como para controlar su calidad, es una actuación que corresponde:

a) A la Administración Sanitaria del Estado.
b) Al conjunto de las Administraciones Sanitarias.
c) A la Administración Sanitaria del Estado y a las Comunidades Autónomas de común acuerdo.
d) Al Consejo Interterritorial del Sistema Nacional de Salud.

8. Según dispone el artículo 7 de la Ley General de Sanidad, los servicios sanitarios, así como los administrativos, económicos y cualesquiera otros que sean precisos para el funcionamiento del Sistema de Salud, adecuarán su organización y funcionamiento a los principios de:

a) Eficacia, igualdad, economía y flexibilidad.
b) Eficacia, celeridad, economía y publicidad.
c) Igualdad, solidaridad, economía y flexibilidad.
d) Eficacia, celeridad, economía y flexibilidad.

9. La Ley General de Sanidad establece que la organización y funcionamiento los servicios sanitarios se adecuarán a los principios de (señala el incorrecto):

a) Economía.
b) Flexibilidad.
c) Celeridad.
d) Coordinación.

10. Las principales características del modelo establecido por la LGS son:

a) Universalización de la atención, desconcentración, descentralización y atención primaria.
b) Universalización de la atención, coordinación y desconcentración, descentralización y atención primaria.
c) Universalización de la atención, accesibilidad y desconcentración, descentralización y atención primaria.
d) Universalización de la atención, accesibilidad y desconcentración, descentralización y atención primaria y especializada.

11. Según la Ley General de Sanidad, los órganos colegiados de participación comunitaria para la consulta y el seguimiento de la gestión, en los que participaran las organizaciones empresariales y sindicales, se denominan:

a) Consejos de Salud de Área.
b) Consejos de Dirección de Área.
c) Gerencia de Área.
d) Consejo de Participación del Área.

12. La Ley General de Sanidad crea un órgano coordinador entre las Comunidades Autónomas y la Administración General del Estado. ¿Cuál es?

a) El Instituto de Coordinación Sanitaria.
b) El Consejo Interterritorial del Sistema Nacional de Salud.
c) El Consejo Interterritorial de Coordinación del Sistema Nacional de Salud.
d) Ninguna es correcta.

13. Según la Ley General de Sanidad, la estructura fundamental del sistema sanitario, responsabilizada de la gestión unitaria de los centros y establecimientos del servicio de salud de la Comunidad Autónoma en su demarcación territorial y de las prestaciones sanitarias y programas sanitarios a desarrollar, se denomina:

a) Servicio de Salud.
b) Sistema Nacional de Salud.
c) Zona Básica de Salud.
d) Área de Salud.

14. El Plan Integrado de Salud:

a) Es el documento que recoge las necesidades financieras del Sistema Nacional de salud.
b) Es aprobado por el Consejo Interterritorial del Sistema Nacional de Salud.
c) Tendrá una vigencia de un año.
d) Recoge en un documento único los Planes estatales, los de las Comunidades Autónomas y los conjuntos.

15. Teniendo en cuenta los principios básicos que se establecen a tal efecto en la Ley General de Sanidad, corresponde delimitar y constituir las denominadas Áreas de Salud:

a) Al Ministerio de Sanidad.
b) A las Comunidades Autónomas.
c) A los Municipios y Provincias.
d) Al Consejo Interterritorial del Sistema Nacional de Salud.

En MADTEST tienes **más preguntas de este tema**, y todos tus avances quedan registrados y se reflejan en el ranking.

¡Supera tus límites con MADTEST!

Solución al test n.º 14

1. c) A los poderes públicos.

2. a) Del artículo 149.1.16

3. d) Título III.

4. c) El principio de la universalidad del derecho a la asistencia sanitaria.

5. d) Hacer efectivo el derecho a la protección de la salud.

6. a) En los núcleos de población de más de 250.000 habitantes.

7. a) A la Administración Sanitaria del Estado.

8. d) Eficacia, celeridad, economía y flexibilidad.

9. d) Coordinación.

10. c) Universalización de la atención, accesibilidad y desconcentración, descentralización y atención primaria.

11. a) Consejos de Salud de Área.

12. b) El Consejo Interterritorial del Sistema Nacional de Salud.

13. d) Área de Salud.

14. d) Recoge en un documento único los Planes estatales, los de las Comunidades Autónomas y los conjuntos.

15. b) A las Comunidades Autónomas.

Ley de Salud de Extremadura (I): Organización general del Sistema Sanitario Público de Extremadura: Componentes del sistema, ordenación territorial y ordenación funcional

1. Conforme al artículo 29 de la Ley 10/2001, de 28 de junio, de Salud de Extremadura, NO forman parte del Sistema Sanitario Público de Extremadura:

a) Los centros, servicios y establecimientos sanitarios que se quieran adscribir al mismo sin necesidad de un concierto o convenio singular de vinculación.

b) Los centros, servicios y establecimientos sanitarios de organismos, empresas públicas o cualesquiera otras entidades públicas admitidas en derecho, adscritos a la Administración Sanitaria de la Junta de Extremadura.

c) Los centros, servicios y establecimientos sanitarios de las Corporaciones locales, y cualesquiera otras Administraciones territoriales intracomunitarias.

d) Los centros, servicios y establecimientos sanitarios de otras Administraciones Públicas, en los términos que prevean los respectivos acuerdos o convenios suscritos al efecto.

2. ¿Cuál es el marco fundamental para el desarrollo de los programas de promoción de la salud y prevención de la enfermedad?

a) La provincia.
b) El Área de Salud.
c) El municipio.
d) La zona básica de salud.

3. La aprobación y modificación de los límites territoriales de las áreas de salud corresponde a:

a) La Junta de Extremadura, oído el Servicio Extremeño de Salud.
b) El Consejo Extremeño de Salud, oído el Servicio Extremeño de Salud.
c) El Servicio Extremeño de Salud, oído el Consejo Extremeño de Salud.
d) La Junta de Extremadura, oído el Consejo Extremeño de Salud.

4. Para conseguir la máxima operatividad y eficacia en el funcionamiento de los servicios de atención primaria, las áreas de salud se dividen en:

a) Distritos sanitarios.
b) Equipos de Atención Primaria.
c) Zonas básicas de salud.
d) Departamentos sanitarios.

5. No es una de las actuales áreas de salud del Sistema Sanitario Público de Extremadura:

a) Área de Salud de Don Benito-Villanueva de la Serena.
b) Área de Salud de Llerena-Zafra.
c) Área de Salud de Almendralejo.
d) Área de Salud de Coria.

6. Es una actividad de asistencia sanitaria del Sistema Sanitario Público de Extremadura:

a) Protección de la salud materno-infantil.
b) Promoción y protección de la salud en relación con los productos farmacológicos, y prevención de los factores de riesgo en este ámbito.
c) Promoción y protección de la salud, y prevención de los factores de riesgo a la salud en los establecimientos públicos y lugares de convivencia.
d) Desarrollo de los programas de atención a los grupos de población de mayor riesgo.

7. Dispondrán de un consultorio local todos los núcleos de población superior a (a partir de):

a) 50 habitantes.
b) 250 habitantes.
c) 500 habitantes.
d) 1000 habitantes.

8. Estará formado por los trabajadores que sean precisos para el desarrollo de sus funciones; su estructura y dotación de recursos materiales y humanos atenderá a criterios de funcionalidad y necesidades sanitarias y sociales de la zona de salud:

a) La división médica.
b) El Consejo de Salud de la zona básica de salud.
c) El equipo de atención primaria.
d) El centro de salud.

9. ¿Cuál es la estructura sanitaria responsable de la atención especializada, programada y urgente, tanto en régimen de internado, como ambulatorio y domiciliario de la población de su ámbito territorial?

a) El hospital.
b) El complejo hospitalario.
c) El Área de Salud.
d) El Servicio Extremeño de Salud.

10. En el ámbito de la atención primaria, los recursos destinados a dar atención permanente y urgente a la población de las zonas de salud correspondientes serán:

a) Los hospitales.
b) Los puntos de atención continuada, dependientes de los centros de salud.
c) Los equipos de atención primaria.
d) Las unidades y servicios de cuidados críticos y de urgencias.

11. Según el artículo 32.8 de la Ley 10/2001, la gestión y administración de los recursos y ejecución de los programas del área de salud se realizará de forma descentralizada, con las debidas garantías de coordinación, solidaridad, evaluación, seguimiento y:

a) Participación.
b) Transparencia.
c) Eficacia.
d) Autonomía.

12. Señalar la opción incorrecta. Según el artículo 32.9 de la Ley 10/2001, para garantizar la coordinación y continuidad de las actuaciones del área de salud, se promoverán:

a) Dispositivos de información sanitaria básica del área.
b) Programas sanitarios comunes para los niveles de atención primaria y especializada.
c) Actuaciones de formación continuada e intercambio técnico entre los profesionales de ambos niveles.
d) Mecanismos de movilidad del personal que favorezcan su paso por los distintos niveles de atención.

13. Según el artículo 38.4 de la Ley 10/2001, actuarán como criterios complementarios de la delimitación de las zonas básicas de salud, los recursos existentes en las diversas zonas y:

a) El signo político de los ayuntamientos.
b) Factores climáticos.
c) Factores históricos.
d) La comarcalización.

14. Cuál de las siguientes es una actividad de salud pública del Sistema Sanitario Público de Extremadura:

a) Prevención y protección de las zoonosis.
b) Desarrollo de los programas de atención a los grupos de población de mayor riesgo.
c) Atención a drogodependientes.
d) La elaboración y divulgación de estudios, investigaciones y estadísticas relacionadas con la salud de los trabajadores.

15. A quién corresponde establecer los sistemas de evaluación de la calidad de las prestaciones y servicios sanitarios del Sistema Sanitario Público de Extremadura:

a) Al Consejo Extremeño de Salud.
b) Al Consejo de Gobierno de la Junta de Extremadura.
c) A la Consejería competente en materia de sanidad, oído el Consejo Extremeño de Salud.
d) A la Consejería competente en materia de sanidad, oída la Dirección Gerencia del Servicio Extremeño de Salud.

En MADTEST tienes **más preguntas de este tema**, y todos tus avances quedan registrados y se reflejan en el ranking.

¡Supera tus límites con MADTEST!

Solución al test n.º 15

1. a) Los centros, servicios y establecimientos sanitarios que se quieran adscribir al mismo sin necesidad de un concierto o convenio singular de vinculación.

2. b) El Área de Salud.

3. d) La Junta de Extremadura, oído el Consejo Extremeño de Salud.

4. c) Zonas básicas de salud.

5. c) Área de Salud de Almendralejo.

6. d) Desarrollo de los programas de atención a los grupos de población de mayor riesgo.

7. a) 50 habitantes.

8. c) El equipo de atención primaria.

9. a) El hospital.

10. b) Los puntos de atención continuada, dependientes de los centros de salud.

11. a) Participación.

12. d) Mecanismos de movilidad del personal que favorezcan su paso por los distintos niveles de atención.

13. d) La comarcalización.

14. a) Prevención y protección de las zoonosis.

15. c) A la Consejería competente en materia de sanidad, oído el Consejo Extremeño de Salud.

**Ley de Salud de Extremadura (II): Servicio Extremeño de Salud.
La estructura orgánica del Servicio Extremeño de Salud en las áreas de
Salud de la Comunidad Autónoma de Extremadura y la composición,
atribuciones y funcionamiento de los Consejos de Salud de Área**

1. ¿Qué título de la Ley 10/2001, de 28 de junio, de Salud de Extremadura, se refiere al Servicio Extremeño de Salud?

a) Título I.
b) Título III.
c) Título IV.
d) Título V.

2. ¿Cuál es el órgano de gestión y coordinación de los recursos del área de salud?

a) La Gerencia de Área.
b) El Consejo de Salud de Área.
c) El Consejo de Administración de Área.
d) El Consejo de Dirección de Área.

3. ¿Cuántos representantes de los municipios del área de salud hay en el Consejo de Dirección del Área?

a) Uno.
b) Dos.
c) Tres.
d) Cuatro.

4. Las Gerencias de Área, además de en las Direcciones de Salud, se podrán estructurar en los siguientes órganos directivos. Señala la respuesta incorrecta:

a) Dirección de Atención Sanitaria.
b) Dirección de Régimen Económico y Presupuestario.
c) Dirección de Gestión Administrativa.
d) Dirección de Recursos Humanos.

5. Conforme al artículo 18 del Decreto 189/2004, ¿quién será el Vicepresidente del Consejo de Salud de Área?

a) El Gerente del Área de Salud correspondiente.
b) El Director de Salud del Área.
c) El representante en el Área de la Consejería de Sanidad y Servicios Sociales.
d) El Alcalde del municipio que ostente la capitalidad del Área.

6. En el Consejo de Salud de Área habrá:

a) Un representante de la organización sindical más representativa en el ámbito de la Comunidad Autónoma de Extremadura.
b) Un representante de cada una de las tres organizaciones sindicales más representativas en el ámbito de la Comunidad Autónoma de Extremadura.
c) Tres representantes de cada una de las organizaciones sindicales más representativas en el ámbito de la Comunidad Autónoma de Extremadura.
d) Un representante de cada una de las tres organizaciones sindicales más representativas en el ámbito del Servicio Extremeño de Salud.

7. Los miembros del Consejo de Salud de Área serán nombrados y cesados por:

a) El Gerente de Área.
b) El Director Gerente del Servicio Extremeño de Salud.
c) El Consejero de Sanidad y Servicios Sociales.
d) El Consejo de Gobierno de la Comunidad Autónoma de Extremadura.

8. El Consejo de Salud de Área deberá reunirse, como mínimo:

a) Una vez al mes.
b) Una vez al trimestre.
c) Una vez cada 6 meses.
d) Dos veces al mes.

9. El Consejo de Salud de Área deberá reunirse cuando lo acuerde su Presidente a solicitud de, al menos:

a) La mitad de sus miembros.
b) La tercera parte de sus miembros.
c) La cuarta parte de sus miembros.
d) La quinta parte de sus miembros.

10. ¿Quién presidirá el Consejo de Salud de Zona?

a) Uno de los Alcaldes de los municipios integrantes de la Zona de Salud.
b) Uno de los representantes del Área de Salud en la Zona de Salud.
c) Uno de los representantes de la Consejería de Sanidad y Políticas Sociales.
d) Quien elija el propio Consejo de Salud de entre sus miembros.

11. ¿Cuántos miembros del equipo de atención primaria habrá en el Consejo de Salud de la Zona de Salud?

a) Uno.
b) Dos.
c) Tres.
d) Cuatro.

12. El Consejo de Salud de Zona se reunirá con carácter ordinario, al menos:

a) Una vez al mes.
b) Una vez cada dos meses.
c) Una vez al trimestre.
d) Dos veces al año.

13. Señala la respuesta incorrecta. El Consejo de Salud de Zona se reunirá con carácter extraordinario cuando sea convocado por su Presidente:

a) A iniciativa propia.
b) A petición del Alcalde del municipio donde se ubica la sede del Consejo de Salud.
c) A instancia del Director de Salud del Área de Salud.
d) A instancia de un tercio de sus miembros.

14. A quién corresponde ejercer la superior dirección y coordinación del personal del Servicio Extremeño de Salud:

a) Al Consejo de Gobierno de la Junta de Extremadura.
b) Al Consejero de Sanidad y Servicios Sociales.
c) Al Director Gerente del Servicio Extremeño de Salud.
d) Al Gerente de Área correspondiente.

15. Un principio estratégico orientador de la evolución de la organización en el Área de Salud es el respeto y promoción del conocimiento de sus profesionales, facilitando el desarrollo de iniciativas efectivas y eficientes, acordes con los objetivos de la organización, ofreciéndoles elementos motivadores que conduzcan a:

a) La dedicación plena.
b) La inamovilidad del puesto de trabajo.
c) El desarrollo de la carrera profesional.
d) La excelencia profesional.

En MADTEST tienes **más preguntas de este tema**, y todos tus avances quedan registrados y se reflejan en el ranking.

¡Supera tus límites con MADTEST!

Solución al test n.º 16

1. d) Título V.

2. a) La Gerencia de Área.

3. d) Cuatro.

4. c) Dirección de Gestión Administrativa.

5. b) El Director de Salud del Área.

6. b) Un representante de cada una de las tres organizaciones sindicales más representativas en el ámbito de la Comunidad Autónoma de Extremadura.

7. c) El Consejero de Sanidad y Servicios Sociales.

8. c) Una vez cada 6 meses.

9. c) La cuarta parte de sus miembros.

10. a) Uno de los Alcaldes de los municipios integrantes de la Zona de Salud.

11. d) Cuatro.

12. d) Dos veces al año.

13. b) A petición del Alcalde del municipio donde se ubica la sede del Consejo de Salud.

14. a) Al Consejo de Gobierno de la Junta de Extremadura.

15. d) La excelencia profesional.

**El usuario del Sistema Nacional de Salud: sus derechos y deberes.
La tarjeta sanitaria individual. Ley de información sanitaria y
autonomía del paciente en la Comunidad Autónoma de Extremadura:
Derecho de información sanitaria y derechos relativos
a la intimidad y la confidencialidad**

1. En virtud del artículo 3.1 de la Ley 16/2003, de 28 de mayo, de Cohesión y Calidad del Sistema Nacional de Salud (según redacción dada por el Real Decreto-ley 7/2018, de 27 de julio), de los siguientes, son titulares del derecho a la protección de la salud y a la atención sanitaria:

a) Todos los españoles, independientemente del lugar de su residencia.
b) Todos los trabajadores.
c) Únicamente los españoles que tengan la condición de asegurados.
d) Las personas extranjeras que tengan establecida su residencia en el territorio español.

2. Los poderes públicos procederán, mediante el correspondiente desarrollo normativo a la aplicación de la facultad de elección de médicos en la Atención Primaria del Área de Salud. Se podrá elegir en el conjunto de la ciudad en los núcleos de población de más de (a partir de):

a) 50.000 habitantes.
b) 100.000 habitantes.
c) 250.000 habitantes.
d) 350.000 habitantes.

3. La Ley de Autonomía del Paciente establece la obligatoriedad de obtener el consentimiento informado del paciente:

a) Solo en los casos de intervención quirúrgica.
b) Solo en los casos de aplicación de procedimientos que supongan grandes riesgos o inconvenientes de notoria repercusión negativa sobre su salud.
c) Para toda actuación en el ámbito de su salud.
d) La Ley no establece esta obligación.

4. Tal y como establece la Ley 41/2002, de Autonomía del Paciente, en caso de que el paciente no acepte el tratamiento se le propondrá que firme el alta voluntaria y si no la firma la Dirección del Centro:

a) Puede disponer el alta forzosa.
b) Firmará en su nombre el alta involuntaria.
c) Mantendrá el ingreso por periodo mínimo de cinco días naturales.
d) No está reconocida la negativa al tratamiento de los pacientes.

5. El derecho del paciente a no ser informado:

a) No está reconocido por la ley.
b) Podrá restringirse en cualquier momento.
c) Podrá restringirse cuando sea estrictamente necesario en beneficio del paciente.
d) Solo podrá ejercitarse si el paciente designa a un familiar o a otra persona a la que se le facilite la información.

6. La Ley 3/2005, de 8 de julio, de Información Sanitaria y Autonomía del Paciente en la Comunidad Autónoma de Extremadura, establece que, como regla general, el consentimiento se manifestará en forma:

a) Verbal.
b) Escrita.
c) Documental.
d) Ante testigos.

7. Según establece la Ley 3/2005, de 8 de julio, de Información Sanitaria y Autonomía del Paciente en la Comunidad Autónoma de Extremadura, el paciente o usuario tiene derecho a decidir libremente entre las opciones clínicas disponibles después de recibir:

a) Información completa.
b) Información adecuada.
c) Información documental.
d) Información escrita.

8. La renuncia del paciente a recibir información:

a) No se reconoce por la ley.
b) Está limitada por el interés de la salud del propio paciente.
c) No está limitada por el interés de la salud de terceros.
d) Ninguna de las anteriores es correcta.

9. Uno de los fundamentos del consentimiento informado es el principio de *autonomía*. En aplicación del mismo el profesional sanitario tiene el deber de:

a) Evitar el mal del paciente.
b) Hacer el bien al paciente.
c) Respetar la libre determinación del paciente.
d) Actuar sin discriminación.

10. Según establece la Ley 3/2005, de 8 de julio, de Información Sanitaria y Autonomía del Paciente en la Comunidad Autónoma de Extremadura, ha de constar siempre por escrito:

a) La información al paciente.
b) El consentimiento informado.
c) La aceptación del tratamiento.
d) La renuncia a recibir información.

11. En la Ley 3/2005, de 8 de julio, de Información Sanitaria y Autonomía del Paciente en la Comunidad Autónoma de Extremadura, el consentimiento escrito del paciente:

a) Es una exigencia legal.
b) Es conveniente.
c) Es obligatorio en determinados supuestos.
d) No es necesario.

12. Según establece la Ley 3/2005, de 8 de julio, de Información Sanitaria y Autonomía del Paciente en la Comunidad Autónoma de Extremadura, el consentimiento se prestará por escrito en el caso de:

a) Realización de una actuación sanitaria en el paciente.
b) Aplicación en el paciente de un procedimiento no invasor.
c) Intervención quirúrgica.
d) Aplicación de procedimientos de imprevisible repercusión negativa sobre la salud del paciente.

13. Para que un paciente o usuario otorgue válidamente su consentimiento a un tratamiento, el facultativo le ha de transmitir previamente:

a) Información escrita.
b) Información total y comprensible.
c) Información comprensible razonable y suficiente.
d) Confianza.

14. La firma de un paciente analfabeto plasmada en el «documento de consentimiento informado» con carácter previo a su intervención quirúrgica:

a) Significa que el paciente ha sido informado adecuadamente.

b) No tiene ninguna validez.

c) No tiene valor en sí misma, lo que no significa que no se pueda acreditar que ha existido información y ha consentido libremente.

d) Tendrá validez si incorpora una diligencia del facultativo indicando la condición del paciente.

15. En relación con el documento de consentimiento Informado, la Ley 3/2005, de 8 de julio, de Información Sanitaria y Autonomía del Paciente en la Comunidad Autónoma de Extremadura, establece que:

a) Existe un formato unificado en el Sistema Público de Salud de la Comunidad autónoma.

b) Cada Área Sanitaria fijará el suyo.

c) Las Administraciones Sanitarias, Servicios Sanitarios, Sociedades Científicas, Centros Hospitalarios, etc., fijan el que consideran más adecuado en el ámbito de sus competencias.

d) Debe ser específico para cada intervención clínica.

En MADTEST tienes **más preguntas de este tema,** y todos tus avances quedan registrados y se reflejan en el ranking.

¡Supera tus límites con MADTEST!

Solución al test n.º 17

1. d) Las personas extranjeras que tengan establecida su residencia en el territorio español.

2. c) 250.000 habitantes.

3. c) Para toda actuación en el ámbito de su salud.

4. a) Puede disponer el alta forzosa.

5. c) Podrá restringirse cuando sea estrictamente necesario en beneficio del paciente.

6. a) Verbal.

7. b) Información adecuada.

8. b) Está limitada por el interés de la salud del propio paciente.

9. c) Respetar la libre determinación del paciente.

10. d) La renuncia a recibir información.

11. c) Es obligatorio en determinados supuestos.

12. c) Intervención quirúrgica.

13. c) Información comprensible razonable y suficiente.

14. c) No tiene valor en sí misma, lo que no significa que no se pueda acreditar que ha existido información y ha consentido libremente.

15. d) Debe ser específico para cada intervención clínica.

La tramitación de las reclamaciones y sugerencias, relativas a la actividad sanitaria, dirigida por los usuarios del Sistema Sanitario Público de Extremadura al Servicio Extremeño de Salud. El Defensor del usuario del sistema sanitario de Extremadura

1. Recibidas las quejas en la Dirección General correspondiente, el Servicio afectado informará a la Secretaría General de Administración Digital de las actuaciones realizadas y de las medidas, en su caso, adoptadas. La Secretaría General de Administración Digital, una vez recibido el informe preceptivo contestará al ciudadano en el plazo de:

a) 3 días.
b) 5 días.
c) 7 días.
d) 10 días.

2. En todo caso, el ciudadano podrá dirigirse a la Secretaría General de Administración Digital a fin de conocer los motivos que han originado la falta de contestación y exigir las oportunas responsabilidades, si no hubiera obtenido ninguna respuesta de la Administración, transcurrido/s desde la fecha de presentación de la sugerencia o queja:

a) 15 días.
b) 20 días.
c) 1 mes.
d) 2 meses.

3. La Secretaría General de Administración Digital remitirá a las Consejerías respectivas un informe sobre las quejas y sugerencias presentadas en relación con los servicios de las mismas:

a) Mensualmente.
b) Trimestralmente.
c) Semestralmente.
d) Anualmente.

4. La iniciativa que puede ser ejercida por cualquier usuario, independientemente de su consideración de interesado, encaminada a mejorar la calidad de la atención y, en general, la eficacia, eficiencia o efectividad de los servicios sanitarios del Sistema Sanitario Público de Extremadura, se denomina:

a) Reclamación.
b) Recurso.
c) Sugerencia.
d) Solicitud.

5. Las sugerencias que los usuarios dirijan a los Servicios de Atención al Usuario del Servicio Extremeño de Salud relativas a la actividad sanitaria prestada por el Sistema Sanitario Público de Extremadura:

a) Deberán presentarse por escrito.
b) Deben identificar a los usuarios que las formulan.
c) No pueden presentarse por correo.
d) Pueden presentarse verbalmente.

6. Todas las reclamaciones y sugerencias dirigidas por los usuarios a los Servicios de Atención al Usuario se inscribirán en sus respectivos Registros. Si la reclamación o sugerencia no reúne los requisitos necesarios se concederá, previa comunicación al interesado, un plazo para la subsanación de la misma de:

a) 7 días.
b) 10 días.
c) 15 días.
d) 20 días.

7. La contestación de la reclamación dirigida por el usuario a los Servicios de Atención al Usuario del Servicio Extremeño de Salud, deberá ser remitida al interesado en el plazo máximo, a contar desde la fecha de entrada de la reclamación en el Registro de la unidad o servicio competente para su tramitación, de:

a) 15 días.
b) 20 días.
c) 30 días.
d) 1 mes.

8. Se habilitará al usuario para formular su reclamación ante el Defensor de los Usuarios del Sistema Sanitario Público de Extremadura cuando la reclamación dirigida por el usuario a los Servicios de Atención al Usuario del Servicio Extremeño de Salud no haya sido atendida o contestada en el plazo de:

a) 20 días.
b) 30 días.

c) 1 mes.
d) 2 meses.

9. El Defensor de los Usuarios del Sistema Sanitario Público de Extremadura conocerá en primera instancia de las reclamaciones y sugerencias presentadas por los usuarios, cuando:

a) Sean solicitadas directamente por las asociaciones de consumidores.
b) Se presenten de manera reiterada sobre un mismo centro, servicio, unidad o personal.
c) Hayan sido ya atendidas y resueltas por los Servicios de Atención al Usuario.
d) Únicamente afecten a un Área de Salud.

10. El *Decreto 4/2003, de 14 de enero, por el que se regula el régimen jurídico, estructura y funcionamiento del Defensor de los Usuarios del Sistema Sanitario Público de Extremadura*, define como la facultad pública que puede ser ejercida por cualquier usuario, independientemente de su consideración como interesado, ante cualquier actuación que perciba como irregular o anómala, en el funcionamiento de los servicios sanitarios del Sistema Sanitario Público de Extremadura, o ante cualquier tipo de lesión de los derechos otorgados por la normativa vigente en sus centros, establecimientos y servicios sanitarios, a:

a) La queja.
b) La petición.
c) La reclamación.
d) La sugerencia.

11. Según la Instrucción 1/2004, las unidades receptoras de las reclamaciones en los hospitales y centros de especialidades son:

a) Los Servicios de Atención al Usuario.
b) El personal de administración.
c) Las Unidades de registro de documentos.
d) Se determinará por la dirección o responsable de los mismos.

12. Según la Instrucción 1/2004, las unidades receptoras de las reclamaciones en los centros de atención primaria son:

a) Los Servicios de Atención al Usuario.
b) El personal de administración.
c) Las Unidades de registro de documentos.
d) Se determinará por la dirección o responsable de los mismos.

13. Según la Instrucción 1/2004, las unidades receptoras de sugerencias en los consultorios locales son:

a) Las unidades de registro de documentos.
b) El personal de administración.

c) Los Servicios de Atención al Usuario.
d) Los buzones de sugerencias.

14. La contestación de la reclamación relativa a la actividad sanitaria del Servicio Extremeño de Salud se efectuará por:

a) El Servicio de Atención al Usuario.
b) El Gerente de Área.
c) El Director Gerente del Servicio Extremeño de Salud.
d) El Defensor de los Usuarios del Servicio Extremeño de Salud.

15. Las Gerencias de Área remitirán informes de seguimiento y evaluación de las reclamaciones y sugerencias recibidas a la Gerencia del Servicio Extremeño de Salud:

a) Mensualmente.
b) Trimestralmente.
c) Semestralmente.
d) Anualmente.

En MADTEST tienes **más preguntas de este tema**, y todos tus avances quedan registrados y se reflejan en el ranking.

¡Supera tus límites con MADTEST!

Solución al test n.º 18

1. b) 5 días.

2. c) 1 mes.

3. d) Anualmente.

4. c) Sugerencia.

5. d) Pueden presentarse verbalmente.

6. b) 10 días.

7. c) 30 días.

8. d) 2 meses.

9. a) Sean solicitadas directamente por las asociaciones de consumidores.

10. c) La reclamación.

11. a) Los Servicios de Atención al Usuario.

12. b) El personal de administración.

13. d) Los buzones de sugerencias.

14. b) El Gerente de Área.

15. c) Semestralmente.

**Ley General de Hacienda Pública de Extremadura:
Principios Generales. Régimen de la Hacienda de la
Comunidad Autónoma de Extremadura**

1. La Ley de Hacienda Pública de Extremadura es la:

a) 5/2007.
b) 3/1985.
c) 1/2011.
d) 8/1999.

2. ¿Qué Título le dedica el Estatuto de Autonomía de Extremadura al régimen de la Hacienda Pública de Extremadura?

a) III.
b) V.
c) VI.
d) VII.

3. ¿En qué artículo de la Ley de Hacienda Pública de Extremadura se recogen los principios generales de la Hacienda regional?

a) 5.
b) 47.
c) 77.
d) 85.

4. En la aplicación de los derechos y en el cumplimiento de las obligaciones, se atenderá a los principios de:

a) Legalidad.
b) Austeridad.
c) Eficacia y coordinación.
d) Todas las respuestas anteriores son correctas.

5. Las sociedades mercantiles autonómicas forman parte del:

a) Sector público administrativo.
b) Sector público empresarial.
c) Sector público fundacional.
d) Ninguno de los anteriores.

6. Se consideran sociedades mercantiles autonómicas aquellas en cuyo capital social la participación de las entidades que integran el sector público autonómico sea superior al:

a) 33%.
b) 50%.
c) 75%.
d) 100%.

7. Y se entenderán fundaciones del sector público autonómico cuando:

a) Se constituyan con una aportación mayoritaria, directa o indirecta, de la Administración de la Comunidad Autónoma, sus organismos públicos o demás entidades del sector público autonómico.
b) Que su patrimonio fundacional, con un carácter de permanencia, esté formado en más de un 75 por 100 por bienes o derechos aportados o cedidos por las referidas entidades.
c) La Comunidad Autónoma haya aportado mayoritariamente a los mismos dinero, bienes o industria, o se haya comprometido, en el momento de su constitución, a financiar mayoritariamente dicho ente y siempre que sus actos estén sujetos directa o indirectamente al poder de decisión de un órgano de la Comunidad Autónoma.
d) a) y b) son correctas.

8. Corresponde al Consejo de Gobierno:

a) El régimen de concesión de avales por la Comunidad.
b) El ejercicio de la potestad reglamentaria dentro del marco establecido por la Ley.
c) Administrar, gestionar y recaudar los derechos económicos de la Administración de la Comunidad Autónoma de Extremadura.
d) Ejercer la superior autoridad en materia de ordenación de pagos.

9. Corresponde a la Asamblea de Extremadura:

a) El régimen de la deuda pública y demás operaciones de crédito concertadas por la Comunidad Autónoma de Extremadura.
b) Autorizar los gastos en los supuestos previstos en las leyes.
c) La aprobación del proyecto de Ley de Presupuestos Generales de la Comunidad Autónoma de Extremadura y su remisión a la Asamblea.
d) Ejercer la superior autoridad en materia de ordenación de pagos.

10. Corresponde al titular de la Consejería competente en materia de Hacienda:

a) Autorizar créditos extraordinarios en los casos previstos en la letra a) del artículo 75 de la Ley 5/2007.
b) Velar por la ejecución de los Presupuestos Generales de la Comunidad Autónoma de Extremadura y por el cumplimiento de las disposiciones de carácter financiero.
c) La presentación de los proyectos de ley que impliquen aumento del gasto público o disminución de los ingresos, dentro del mismo ejercicio presupuestario.
d) El régimen de concesión de avales por la Comunidad.

11. Corresponde a los titulares de las demás Consejerías y órganos de la Comunidad Autónoma:

a) Autorizar las propuestas de modificación de las dotaciones o sustituciones de los proyectos incluidos en los Fondos de Compensación Interterritorial, de conformidad con lo dispuesto en su normativa reguladora.
b) Administrar los créditos para gastos consignados en el Presupuesto de la Comunidad Autónoma.
c) Dictar las normas de desarrollo que específicamente le encomiende la Ley 5/2007.
d) Elaborar y someter a la aprobación del Consejo de Gobierno el anteproyecto de Ley de Presupuestos Generales de la Comunidad Autónoma de Extremadura.

12. Y son competencia de los organismos autónomos:

a) Administrar los créditos para gastos consignados en el Presupuesto de la Comunidad Autónoma.
b) Autorizar las propuestas de modificación de las dotaciones o sustituciones de los proyectos incluidos en los Fondos de Compensación Interterritorial, de conformidad con lo dispuesto en su normativa reguladora.
c) Ejercer la superior autoridad en materia de ordenación de pagos.
d) Autorizar los gastos y ordenar los pagos.

13. El derecho a reconocer y liquidar créditos a su favor, contándose dicho plazo desde el día en que el derecho pudo ejercitarse prescribe:

a) A los cinco años.
b) No prescribe.
c) A los cuatro años.
d) A los tres años.

14. Las obligaciones económicas de la Generalitat Valenciana y de las entidades autónomas:

a) Nacen de la ley, de los negocios jurídicos y de los actos o hechos que, según derecho, las generan.
b) Solamente serán exigibles cuanto resulten de la ejecución de su presupuesto, de sentencia judicial firme o de operaciones no presupuestarias legalmente autorizadas.

c) Las resoluciones judiciales que establezcan obligaciones a cargo de la Hacienda Pública de Extremadura corresponderán al órgano competente por razón de la materia.

d) Todas las respuestas anteriores son correctas.

15. Con carácter general, las medidas cautelares cesarán en el plazo de:

a) 3 meses.
b) 6 meses.
c) 9 meses.
d) 12 meses.

En MADTEST tienes **más preguntas de este tema**, y todos tus avances quedan registrados y se reflejan en el ranking.

¡Supera tus límites con MADTEST!

Solución al test n.º 19

1. a) 5/2007.

2. b) V.

3. c) 77.

4. d) Todas las respuestas anteriores son correctas.

5. b) Sector público empresarial.

6. b) 50%.

7. a) Se constituyan con una aportación mayoritaria, directa o indirecta, de la Administración de la Comunidad Autónoma, sus organismos públicos o demás entidades del sector público autonómico.

8. b) El ejercicio de la potestad reglamentaria dentro del marco establecido por la Ley.

9. a) El régimen de la deuda pública y demás operaciones de crédito concertadas por la Comunidad Autónoma de Extremadura.

10. b) Velar por la ejecución de los Presupuestos Generales de la Comunidad Autónoma de Extremadura y por el cumplimiento de las disposiciones de carácter financiero.

11. b) Administrar los créditos para gastos consignados en el Presupuesto de la Comunidad Autónoma.

12. d) Autorizar los gastos y ordenar los pagos.

13. c) A los cuatro años.

14. d) Todas las respuestas anteriores son correctas.

15. b) 6 meses.

Ley de Prevención de Riesgos Laborales:
Objeto, ámbito de aplicación y definiciones. Derechos y obligaciones

1. ¿Cuál es la vigente Ley de Prevención de Riesgos Laborales?

a) Ley 32/1995, de 8 de noviembre.
b) Ley 30/1996, de 8 de noviembre.
c) Ley 31/1995, de 6 de noviembre.
d) Ley 31/1995, de 8 de noviembre.

2. La Ley de Prevención de Riesgos laborales, tiene por objeto:

a) Prevenir los accidentes en general.
b) Evitar riesgos en el recorrido al puesto de trabajo.
c) Promover la seguridad y la salud de los trabajadores.
d) Que cada vez haya menos accidentes de tráfico.

3. ¿Qué se entiende por "riesgo laboral"?

a) La posibilidad de que un trabajador sufra un determinado daño derivado del trabajo.
b) La posibilidad de que un trabajador sufra una enfermedad en el trabajo.
c) La posibilidad de que un trabajador sufra acoso.
d) El riesgo que supone el ir a trabajar.

4. Indica cuál es la definición de prevención:

a) La probabilidad racional de que un riesgo se materialice de forma inminente.
b) El estudio de los procesos potencialmente peligrosos para el trabajo.
c) Conjunto de actividades o medidas adoptadas o previstas en todas las fases de actividad de la empresa con el fin de evitar o disminuir los riesgos derivados del trabajo.
d) Posibilidad de que un trabajador sufra un determinado daño derivado del trabajo.

5. Según establece el art. 4 de la Ley 31/1995, de 8 de noviembre, de Prevención de Riesgos Laborales, se define como daños derivados del trabajo.

a) La posibilidad de que un trabajador sufra un determinado daño derivado del trabajo.

b) El que resulte probable racionalmente que se materialice en un futuro inmediato y pueda suponer y pueda suponer un daño grave para la salud de los trabajadores.

c) Las enfermedades, patologías o lesiones sufridas con motivo u ocasión del trabajo.

d) Cualquier máquina, aparato, instrumento o instalación utilizada en el trabajo.

6. Cualquier característica del trabajo que pueda tener una influencia significativa en la generación de riesgos para la seguridad y la salud del trabajador, es:

a) Una condición de trabajo.

b) Un factor de riesgo.

c) Un proceso potencialmente peligroso.

d) Una zona peligrosa.

7. Señale la respuesta incorrecta:

a) La Ley de Prevención de Riesgos Laborales se aplica a los operativos de Seguridad civil en casos de catástrofe.

b) La Ley de Prevención de Riesgos Laborales se aplica a las sociedades cooperativas.

c) En el ámbito de la relación laboral de carácter especial del servicio del hogar familiar, las personas trabajadoras tienen derecho a una protección eficaz en materia de seguridad y salud en el trabajo.

d) En los establecimientos penitenciarios, se adaptarán a la Ley de Prevención de Riesgos Laborales aquellas actividades cuyas características justifiquen una regulación especial.

8. Para calificar un riesgo desde el punto de vista de su gravedad, se valorarán conjuntamente la severidad del daño y:

a) La probabilidad de que se produzca.

b) La cantidad de trabajadores de la empresa.

c) La existencia o no de equipos individuales de protección.

d) Las condiciones de trabajo.

9. Según recoge el artículo 4 de la Ley 31/1995, quedan específicamente incluidas en la definición de condición de trabajo:

a) Las características particulares de los locales, instalaciones, equipos, productos y demás útiles existentes en el centro de trabajo.

b) La naturaleza de los agentes físicos, químicos y biológicos presentes en el ambiente de trabajo y sus correspondientes intensidades, concentraciones o niveles de presencia.

c) Los procedimientos para la utilización de los agentes citados anteriormente que no influyan en la generación de los riesgos mencionados.

d) Todas aquellas otras características del trabajo, excluidas las relativas a su organización y ordenación, que influyan en la magnitud de los riesgos a que esté expuesto el trabajador.

10. ¿Quién debe garantizar a los trabajadores la vigilancia periódica de su estado de salud en función de los riesgos inherentes al trabajo?:

a) La Inspección de Trabajo.
b) El propio trabajador.
c) El empresario.
d) Las secciones sindicales.

11. El derecho básico reconocido a los trabajadores por la Ley 31/1995, de 8 de noviembre, es:

a) La vigilancia de su estado de salud.
b) Una protección eficaz en materia de seguridad y salud en el trabajo.
c) La formación en materia preventiva.
d) La información, consulta y participación.

12. ¿Cuál de los siguientes principios generales de la acción preventiva a aplicar en el trabajo, contenidos en la Ley de Prevención de Riesgos Laborales, es incorrecto?

a) Evaluar los riesgos que no se pueden evitar.
b) Priorizar medidas individuales a las colectivas.
c) Combatir los riesgos en su origen.
d) Tener en cuenta la evolución de la técnica.

13. La actividad preventiva deberá planificarse:

a) Para un período determinado.
b) Para un período ilimitado.
c) Anualmente.
d) Para un período máximo de 3 años.

14. Podrán realizar el plan de prevención de riesgos laborales, la evaluación de riesgos y la planificación de la actividad preventiva de forma simplificada, en atención a la naturaleza y peligrosidad de las actividades realizadas, empresas cuyo número de trabajadores no exceda de:

a) 30.
b) 50.
c) 80.
d) 100.

15. En relación a la vigilancia de la salud que ha de garantizar el empresario, el acceso a la información médica de carácter personal:

a) Se limitará al empresario y a los Servicios de Prevención propios.

b) Se limitará al Jefe inmediato del trabajador.

c) Sólo será accesible al propio trabajador.

d) Se limitará al personal médico y a las autoridades sanitarias que lleven a cabo la vigilancia.

En MADTEST tienes **más preguntas de este tema**, y todos tus avances quedan registrados y se reflejan en el ranking.

¡Supera tus límites con MADTEST!

Solución al test n.º 20

1. d) Ley 31/1995, de 8 de noviembre.

2. c) Promover la seguridad y la salud de los trabajadores.

3. a) La posibilidad de que un trabajador sufra un determinado daño derivado del trabajo.

4. c) Conjunto de actividades o medidas adoptadas o previstas en todas las fases de actividad de la empresa con el fin de evitar o disminuir los riesgos derivados del trabajo.

5. c) Las enfermedades, patologías o lesiones sufridas con motivo u ocasión del trabajo.

6. a) Una condición de trabajo.

7. a) La Ley de Prevención de Riesgos Laborales se aplica a los operativos de Seguridad civil en casos de catástrofe.

8. a) La probabilidad de que se produzca.

9. b) La naturaleza de los agentes físicos, químicos y biológicos presentes en el ambiente de trabajo y sus correspondientes intensidades, concentraciones o niveles de presencia.

10. c) El empresario.

11. b) Una protección eficaz en materia de seguridad y salud en el trabajo.

12. b) Priorizar medidas individuales a las colectivas.

13. a) Para un período determinado.

14. b) 50.

15. d) Se limitará al personal médico y a las autoridades sanitarias que lleven a cabo la vigilancia.

**Sistema operativos Microsoft Windows 11. Entorno gráfico:
Ventanas, iconos y menús contextuales, cuadros de diálogo.
El escritorio y sus elementos. El explorador de Windows. Gestión de
carpetas y archivos. Operaciones de búsqueda. Correo electrónico
Microsoft Outlook: conceptos elementales y funcionamiento**

1. En el Explorador de Windows 11:

a) Hay Cinta de Opciones, Caja de direcciones y panel de navegación.
b) Hay Cinta de Opciones, Caja de Búsqueda y panel de direcciones.
c) Hay Cinta de Opciones, Caja de navegación y panel de búsqueda.
d) Hay Cinta de Opciones, Caja de Búsqueda y panel de navegación.

2. Windows PowerShell:

a) Es la nueva ayuda en Windows 11.
b) Es el nuevo gestor de arranque del sistema.
c) Es una versión mejorada del intérprete de comandos DOS.
d) Es una forma de llamar al sistema operativo MSDos.

3. En Windows 11 queremos refrescar el contenido de la ventana activa. ¿Qué tecla o teclas de acceso rápido utilizaremos?

a) F5.
b) Ctr + X.
c) Alt + F4.
d) Ctrl + Alt + Tab.

4. ¿Cuál de los siguientes son todos modos de captura de la herramienta Recortes?

a) Forma Libre, rectangular y circular.
b) Forma Libre, ventana y línea.
c) Forma Libre, circular y ventana.
d) Forma Libre, rectangular y ventana.

5. Al realizar una búsqueda avanzada desde el explorador de Windows 11, en el tamaño, cual no es una opción correcta:

a) Minúsculo.
b) Mediano.
c) Muy grande.
d) Gigantesco.

6. Una de las funciones del Sistema Operativo es:

a) Gestionar el procesador.
b) Gestionar el tiempo que está el usuario usando el PC.
c) Gestionar los contenidos que está utilizando el usuario.
d) Todas las anteriores son correctas.

7. En Windows:

a) No podemos configurar el ratón para adaptarlo, ya que siempre son iguales.
b) Podemos configurar el ratón, siempre y cuando éste sea por cable.
c) Podemos configurar el ratón para adaptarlo mejor al usuario.
d) Ninguna de las anteriores es correcta.

8. Para controlar la presencia en la instalación se pueden usar:

a) Técnicas biométricas.
b) Antivirus.
c) Firewall.
d) Contraseñas.

9. ¿Cuál de las siguientes expresiones no es correcta?

a) Los destinatarios incluidos en un campo CCO pueden recibir el correo y ver el resto de los destinatarios incluidos en los campos Para y CC, así como responderles.
b) Los destinatarios incluidos en un campo CCO no pueden ver a otros posibles destinatarios del campo CCO.
c) Ningún destinatario, independientemente del campo donde se encuentre, tendrá constancia de alguna dirección de correo electrónico incluida en CCO.
d) Solo los destinatarios del campo PARA podrán saber qué personas han recibido el mensaje en copia oculta.

10. La carpeta de correo no deseado o Spam contiene:

a) Correos recibidos con origen desconocido.
b) Correos enviados con destino sospechoso.
c) Correos recibidos o enviados con origen desconocido.
d) Correos enviados con destino sospechoso de los últimos 30 días.

11. Al pulsar la opción de imprimir de la ficha archivo, en Outlook, podemos elegir en la configuración entre "tabla" o "memorando"; ¿qué diferencia existe entre ambas opciones?

a) Tabla imprime la lista de correos y Memorando el correo seleccionado.

b) Tabla imprime el correo seleccionado y Memorando la lista de correos.

c) Tabla imprime el correo seleccionado y Memorando permite modificar la configuración de la impresión.

d) Tabla imprime el correo seleccionado en formato tabular y Memorando solo el asunto.

12. La opción "Responder a todos":

a) Responde al remitente y a los usuarios de la lista de contactos seleccionados previamente.

b) Responde al remitente y al resto de usuarios que estén en el mensaje.

c) Responde al remitente y solo a los usuarios del mensaje que estén en el CC.

d) Responde al remitente y solo a los usuarios del mensaje que estén en el "Para".

13. Los destinatarios del campo CC:

a) No son visibles para los del campo CCO.

b) Solo son visibles para los del campo PARA.

c) Solo son visibles para los del campo CC.

d) Son visibles para todos los destinatarios.

14. La parte del entorno que permite ver una vista previa del correo seleccionado se llama:

a) Panel de lectura.

b) Visor de lectura.

c) Vista de lectura.

d) Panel de Vista.

15. Al reenviar un mensaje en el asunto aparecerá:

a) RE:

b) RW:

c) RS:

d) RV:

En MADTEST tienes **más preguntas de este tema**, y todos tus avances quedan registrados y se reflejan en el ranking.

¡Supera tus límites con MADTEST!

Solución al test n.º 21

1. d) Hay Cinta de Opciones, Caja de Búsqueda y panel de navegación.

2. c) Es una versión mejorada del intérprete de comandos DOS.

3. a) F5.

4. d) Forma Libre, rectangular y ventana.

5. c) Muy grande.

6. a) Gestionar el procesador.

7. c) Podemos configurar el ratón para adaptarlo mejor al usuario.

8. a) Técnicas biométricas.

9. d) Solo los destinatarios del campo PARA podrán saber qué personas han recibido el mensaje en copia oculta.

10. a) Correos recibidos con origen desconocido.

11. a) Tabla imprime la lista de correos y Memorando el correo seleccionado.

12. b) Responde al remitente y al resto de usuarios que estén en el mensaje.

13. d) Son visibles para todos los destinatarios.

14. a) Panel de lectura.

15. d) RV:

TEST N.º 22

Ofimática Microsoft Office 365 (I). Word: El entorno de trabajo. Tratamiento de caracteres y párrafos. Formato de documentos. Gestión, grabación, recuperación e impresión de ficheros. Tablas. Revisión ortográfica. Combinar correspondencia. Fórmulas. Gráficos

1. ¿Desde qué pestaña de la cinta de opciones de Word podremos comparar dos versiones de un documento?

a) Inicio.
b) Referencias.
c) Word no nos permite realizar esa acción.
d) Revisar.

2. ¿Cuál de las siguientes relaciones entre opción y grupo no es correcta?

a) Tachado y Fuente.
b) Interlineado y Párrafo.
c) Espaciado y Párrafo.
d) Hipervínculo y Referencias.

3. La alineación es un comando de Word 365 que afecta a:

a) La selección de texto.
b) La dirección del texto.
c) El interlineado del texto.
d) Los párrafos.

4. ¿En qué ficha y grupo está la opción para utilizar las tabulaciones?

a) Insertar / Tabulaciones.
b) Inicio / Párrafo/ botón cuadro diálogo Párrafo.
c) Inicio / formato / Tabulaciones.
d) Inicio / Tabulaciones.

5. En Word, ¿cuál es la diferencia entre pulsar INTRO y pulsar las teclas Mayúsculas + Intro?

a) Intro indica párrafo nuevo y Mayúsculas + Intro indica salto de línea.
b) No hay diferencias para Word.
c) Intro indica párrafo nuevo, y Mayúsculas + Intro indica salto de sección.
d) Intro indica salto de línea nuevo, y Mayúsculas + Intro indica salto de sección.

6. El botón Borrar Formato en Word:

a) Borra todo el Formato de la selección.
b) Deja el texto sin formato y lo elimina.
c) Funciona haciendo doble clic.
d) Ese botón existe en Excel, pero no en Word.

7. Los sangrados en Word:

a) Definen el límite izquierdo de los párrafos de un documento, pero no el derecho.
b) Definen el límite derecho de los párrafos de un documento, pero no el izquierdo.
c) Definen el límite izquierdo y el límite derecho de los párrafos de un documento.
d) Definen el límite izquierdo de los párrafos de un documento y el estado de la primera línea de cada uno.

8. La carta modelo en un proceso de combinar correspondencia de Word:

a) Tendrá la tabla de datos para combinar.
b) No tendrá los campos de combinación.
c) Incluirá el texto que no varía.
d) Tendrá tantas hojas como datos se combinen.

9. El método más rápido para acceder a las opciones de la cinta de opciones de Word 365 es hacer un clic con el ratón sobre ellas; si queremos acceder a las distintas opciones de los paneles y menús a partir del teclado, podemos pulsar la tecla:

a) F1.
b) Shift.
c) Ctrl.
d) Alt.

10. La combinación de teclas para la alineación centrada es:

a) Ctrl + T
b) Ctrl + Q
c) Ctrl + J
d) Ctrl + Alt + C

11. El interlineado se puede definir como:

a) El espacio que hay entre los párrafos de un documento.
b) El espacio que hay entre los caracteres de un párrafo.
c) El espacio que hay entre los párrafos seleccionados.
d) El espacio que hay entre una y otra línea de un mismo párrafo.

12. ¿En qué menú de Word 365 se encuentra la opción Marcas de Agua?

a) Insertar.
b) Diseño.
c) Disposición.
d) Inicio.

13. ¿Qué combinación de teclas nos lleva en Word 365 al menú de impresión?

a) Alt + Ctrl + R
b) Alt + Ctrl + V
c) Alt + Ctrl + I
d) Alt + Ctrl + D

14. La sangría francesa:

a) Controla el límite izquierdo de todas las líneas del párrafo menos la segunda.
b) Controla el límite izquierdo de todas las líneas del párrafo menos la última.
c) Controla el límite izquierdo de todas las líneas del párrafo menos la primera.
d) Controla el límite derecho de todas las líneas del párrafo menos la segunda.

15. Para disminuir un nivel en una lista Multinivel de Word 365 pulsamos:

a) Mayúsculas + Control.
b) Mayúsculas + Ins.
c) Mayúsculas + L.
d) Ninguna es correcta.

En MADTEST tienes **más preguntas de este tema**, y todos tus avances quedan registrados y se reflejan en el ranking.

¡Supera tus límites con MADTEST!

Solución al test n.º 22

1. d) Revisar.

2. d) Hipervínculo y Referencias.

3. d) Los párrafos.

4. b) Inicio / Párrafo/ botón cuadro diálogo Párrafo.

5. a) Intro indica párrafo nuevo y Mayúsculas + Intro indica salto de línea.

6. a) Borra todo el Formato de la selección.

7. c) Definen el límite izquierdo y el límite derecho de los párrafos de un documento.

8. c) Incluirá el texto que no varía.

9. d) Alt.

10. a) Ctrl + T

11. d) El espacio que hay entre una y otra línea de un mismo párrafo.

12. b) Diseño.

13. c) Alt + Ctrl + I

14. c) Controla el límite izquierdo de todas las líneas del párrafo menos la primera.

15. d) Ninguna es correcta.

Ofimática Microsoft Office 365 (II). Excel: El entorno de trabajo. Libros, hojas y celdas. Introducción y edición de datos. Fórmulas y Funciones. Gráficos

1. Si queremos eliminar un comentario que tiene una celda de Excel 365, ¿a qué ficha tenemos que acceder?

a) Revisar.
b) Comentarios.
c) Datos.
d) Programador.

2. Las constantes de Excel 365 pueden ser valores:

a) Numéricos y de tipo texto.
b) Horas y Fechas.
c) Numéricos, de texto, horas y fechas.
d) Numéricos, de texto, horas y fechas y booleanos.

3. Si en una celda aparecen símbolos de sostenido (#####):

a) Está en notación científica negativa.
b) Es un valor de texto incorrecto.
c) El valor no cabe en la altura de la celda.
d) El valor no cabe en la anchura de la celda.

4. De manera predeterminada, Excel 365:

a) Muestra 2 hoja de cálculo.
b) Muestra 5 hojas de cálculo.
c) Muestra 10 hojas de cálculo.
d) Es un valor configurable.

5. La opción de ocultar Hoja de Excel 365 podemos encontrarla en:

a) El botón de lista Insertar.
b) El botón de lista Hoja.
c) El botón de lista Formato.
d) El botón de lista Eliminar.

6. La etiqueta de la hoja de cálculo se colorea totalmente cuando:

a) Estás en una hoja distinta.
b) Estás en la propia hoja.
c) Siempre está coloreada.
d) Si la hoja no está totalmente vacía.

7. En la ficha Página, en el grupo Configurar Página, podemos:

a) Definir los márgenes de la hoja.
b) Definir los saltos de página.
c) Definir la orientación.
d) Definir los márgenes, los saltos de página pero no el centrado de las páginas.

8. La escala de ajuste de la hoja de cálculo, tiene un valor máximo de:

a) 100 %.
b) 400 %.
c) 250 %.
d) 150 %.

9. Un encabezado en Excel 365 es la parte de la Hoja que está:

a) Entre el borde inferior y el margen superior.
b) Entre el borde inferior y el margen inferior.
c) Entre el borde superior y el margen superior.
d) Entre el borde superior y el margen superior.

10. El código #N/A es:

a) Error de acceso a la celda.
b) Fórmula matricial.
c) Error de celda.
d) División por 0.

11. Las funciones de Excel 365 son:

a) Fórmulas predefinidas.
b) Cálculos predefinidos.
c) Argumentos predefinidos.
d) Macros.

12. La función =SUMA(A1 ; A8 ; A10)

a) Suma todas las celdas desde la A1 a la A8 y además la A10.
b) Suma todas las celdas desde la A1 a la A10 menos la A8.
c) Suma todas las celdas desde la A1 a la A8 y el resultado lo coloca en la A10.
d) Suma las celdas A1, A8 y la A10.

13. La función =SUMA(A1 ; 3 ; A8)

a) Suma 3 veces la celda A1 y la A8.
b) Suma la celda A1 y 3 veces la celda A8.
c) No es una formula correcta.
d) Suma la celda A1, una constante de 3 y la celda A8.

14. La función RESIDUO:

a) Calcula el interés residual de un préstamo.
b) Devuelve el resto de una división.
c) Calcula la parte entera de una división.
d) No es una función correcta, sería RESTO.

15. La función" =REDONDEAR (B3 ; -2)", teniendo en B3 el valor "14,14":

a) Dará un error como resultado.
b) Redondea el valor B3 al valor más cercano a "-2".
c) Redondea el valor B3 y le resta "2".
d) Devuelve como resultado 0.

En MADTEST tienes **más preguntas de este tema**, y todos tus avances quedan registrados y se reflejan en el ranking.

¡Supera tus límites con MADTEST!

Solución al test n.º 23

1. a) Revisar.

2. c) Numéricos, de texto, horas y fechas.

3. d) El valor no cabe en la anchura de la celda.

4. d) Es un valor configurable.

5. c) El botón de lista Formato.

6. a) Estás en una hoja distinta.

7. c) Definir la orientación.

8. b) 400 %.

9. c) Entre el borde superior y el margen superior.

10. c) Error de celda.

11. a) Fórmulas predefinidas.

12. d) Suma las celdas A1, A8 y la A10.

13. d) Suma la celda A1, una constante de 3 y la celda A8.

14. b) Devuelve el resto de una división.

15. d) Devuelve como resultado 0.

**Plataforma colaborativa Microsoft Teams:
Crear Equipos y Canales. Equipos privados e invitación
a equipos. Crear contenido colaborativo. Sincronización con
Outlook. Reuniones y agenda de miembros. Editar documentos
directamente desde Teams. Archivos de equipo y archivos
compartidos en chats. Gestionar documentos en la nube desde
Teams. Realizar reuniones con videollamadas con Microsoft Teams.
Agregar más miembros durante la llamada. Compartir
pantalla-Pizarra. Grabación y transcripción de la conversación**

1. Plataforma colaborativa Microsoft Teams: Crear Equipos y Canales. Equipos privados e invitación a equipos. Crear contenido colaborativo. Sincronización con Outlook. Reuniones y agenda de miembros. Editar documentos directamente desde Teams. Archivos de equipo y archivos compartidos en chats. Gestionar documentos en la nube desde Teams. Realizar reuniones con videollamadas con Microsoft Teams. Agregar más miembros durante la llamada. Compartir pantalla-Pizarra. Grabación y transcripción de la conversación1. Podemos definir a Teams como...

a) Un HUB de trabajo en equipo.
b) Un SET de trabajo en equipo.
c) Un CLOUD de trabajo en equipo.
d) Un HUBSET de trabajo en equipo.

2. OneDrive tiene una doble papelera de reciclaje que nos permite una retención máxima de:

a) 60 días.
b) 93 días.
c) 30 días.
d) 15 días.

3. Indica cuál de las siguientes afirmaciones no es correcta:

a) OneDrive incluye entre sus funcionalidades la publicación de contenido Web.
b) SharePoint es similar a una unidad de red corporativa.
c) OneDrive se considera un disco duro en la nube.
d) OneDrive solo tiene un propietario.

4. El siguiente icono, ¿qué representa?

a) El estado de un fichero.
b) El estado del OneDrive.
c) El estado del Teams.
d) El estado de una carpeta.

5. El siguiente icono, ¿qué representa?

a) El estado de un fichero.
b) El estado del OneDrive.
c) El estado del Teams.
d) El estado de una carpeta.

6. El siguiente icono, ¿qué representa?

a) Que la sincronización está en curso.
b) Que solo está disponible en la nube.
c) Que está disponible localmente (siempre) y en la nube.
d) Que está disponible localmente (temporal) y en la nube.

7. Las opciones de Digitalizar que tiene la aplicación móvil de OneDrive son:

a) Pizarra, Documento, Tarjeta de presentación o Foto.
b) Pizarra, Documento, imagen o Tarjeta de presentación.
c) Documento, Tarjeta de presentación, PDF o Foto.
d) Documento, Tarjeta de presentación o imagen

8. Los grupos de contactos que se reúnen por cuestiones de trabajo, proyectos o intereses comunes para trabajos en Teams, ¿cómo se denominan?

a) Canales.
b) Reuniones.
c) Equipos.
d) Meetings.

9. ¿Cuál de los siguientes estados de Teams quiere comunicar una ausencia temporal y no se puede configurar automáticamente?

a) Ocupado.
b) Aparecer como ausente.
c) Desconectado.
d) Vuelvo enseguida.

10. ¿Cuánto tiempo permanecen los avisos numéricos de notificaciones no leídas, visibles dentro de Teams?

a) 30 días.
b) 93 días.
c) No tienen una duración finita.
d) 14 días.

11. ¿Cuál es la principal función de Microsoft Teams?

a) almacenar documentos en la nube.
b) facilitar la colaboración y comunicación en equipos de trabajo.
c) editar documentos sin conexión.
d) crear presentaciones y hojas de cálculo.

12. ¿Cómo se pueden organizar las conversaciones dentro de un equipo en Teams?

a) Usando grupos de WhatsApp.
b) Mediante carpetas dentro del equipo.
c) A través de canales dentro del equipo.
d) Creando chats individuales.

13. ¿Cuál de las siguientes afirmaciones sobre los equipos privados en Microsoft Teams es correcta?

a) Cualquier usuario de la organización puede unirse sin invitación.
b) Solo los propietarios del equipo pueden agregar miembros.
c) No se pueden compartir archivos en equipos privados.
d) Los equipos privados no permiten la creación de canales.

14. ¿Dónde se almacenan los archivos compartidos dentro de un equipo de Teams?

a) En OneDrive del usuario que los sube.
b) En SharePoint asociado al equipo.

c) En la carpeta "Descargas" del equipo local.
d) En la sección de "Chat" dentro del equipo.

15. Si quieres programar una reunión en Teams desde Outlook, ¿qué opción debes seleccionar?

a) "Nueva reunión de Teams".
b) "Nuevo correo electrónico".
c) "Compartir en Teams".
d) "Crear canal en Teams".

En MADTEST tienes **más preguntas de este tema**, y todos tus avances quedan registrados y se reflejan en el ranking.

¡Supera tus límites con MADTEST!

Solución al test n.º 24

1. a) Un HUB de trabajo en equipo.

2. b) 93 días.

3. a) OneDrive incluye entre sus funcionalidades la publicación de contenido Web.

4. a) El estado de un fichero.

5. b) El estado del OneDrive.

6. d) Que está disponible localmente (temporal) y en la nube.

7. a) Pizarra, Documento, Tarjeta de presentación o Foto.

8. c) Equipos.

9. d) Vuelvo enseguida.

10. a) 30 días.

11. b) Facilitar la colaboración y comunicación en equipos de trabajo.

12. c) A través de canales dentro del equipo.

13. b) Solo los propietarios del equipo pueden agregar miembros.

14. b) En SharePoint asociado al equipo.

15. a) "Nueva reunión de Teams".

TEST N.º 25

Ley de protección de datos personales y garantía de los derechos digitales. Disposiciones Generales. Principios de la protección de datos. Derechos de las personas. Disposiciones aplicables a tratamientos concretos

1. En virtud de qué principio los datos personales serán adecuados, pertinentes y limitados a lo necesario en relación con los fines para los que son tratados:

a) Principio de exactitud.
b) Principio de limitación de la finalidad.
c) Principio de responsabilidad proactiva.
d) Principio de minimización de datos.

2. Según el artículo 5 del *Reglamento (UE) 2016/679, de 27 de abril, relativo a la protección de las personas físicas en lo que respecta al tratamiento de datos personales y a la libre circulación de estos datos*, los datos personales serán tratados, en relación con el interesado, de manera lícita, leal y:

a) Fiable.
b) Segura.
c) Confidencial.
d) Transparente.

3. El artículo 4 de la LO 3/2018 señala que, conforme al artículo 5.1.d) del Reglamento (UE) 2016/679, los datos serán exactos y, si fuere necesario:

a) Actualizados.
b) Aproximados.
c) Normalizados.
d) Digitalizados.

4. Señalar la opción incorrecta. No será imputable al responsable del tratamiento, siempre que este haya adoptado todas las medidas razonables para que se supriman o rectifiquen sin dilación, la inexactitud de los datos personales, con respecto a los fines para los que se tratan, cuando los datos inexactos:

a) Hubiesen sido obtenidos por el responsable directamente del encargado.

b) Hubiesen sido obtenidos por el responsable de un mediador o intermediario en caso de que las normas aplicables al sector de actividad al que pertenezca el responsable del tratamiento establecieran la posibilidad de intervención de un intermediario o mediador que recoja en nombre propio los datos de los afectados para su transmisión al responsable.

c) Fuesen sometidos a tratamiento por el responsable por haberlos recibido de otro responsable en virtud del ejercicio por el afectado del derecho a la portabilidad.

d) Fuesen obtenidos de un registro público por el responsable.

5. Conforme al artículo 5.1 de la LO 3/2018, estarán sujetas al deber de confidencialidad:

a) Únicamente los responsables del tratamiento.

b) Los responsables y encargados del tratamiento.

c) Los responsables y encargados del tratamiento de datos así como todas las personas que intervengan en cualquier fase de este.

d) Los responsables y encargados del tratamiento de datos así como todas las personas que intervengan en todas las fases de este.

6. Conforme a los artículos 4.11 del RGPD y 6.1 de la LO 3/2018, se entiende por *consentimiento del afectado* **la aceptación, ya sea mediante una declaración o una clara acción afirmativa, del tratamiento de datos personales que le conciernen manifestada por voluntad libre, de forma específica, informada e/y:**

a) Detallada.

b) Unitaria.

c) Inequívoca.

d) Por escrito.

7. Cuando se pretenda fundar el tratamiento de los datos en el consentimiento del afectado para una pluralidad de finalidades:

a) Será preciso que conste de manera específica e inequívoca que dicho consentimiento se otorga para todas ellas.

b) Será necesario demostrar que el afectado consintió expresamente e inequívocamente en alguna de las finalidades y, que el resto de finalidades están claramente relacionadas con aquella.

c) El responsable debe demostrar la adecuación de las distintas finalidades a un único objeto.

d) El consentimiento del afectado sólo puede afectar a una finalidad. Cada finalidad precisa un consentimiento propio e independiente.

8. Los datos personales serán tratados de tal manera que se garantice una seguridad adecuada de los mismos, incluida la protección contra el tratamiento no autorizado o ilícito y contra su pérdida, destrucción o daño accidental, mediante la aplicación de medidas técnicas u organizativas apropiadas; todo ello en virtud del principio de:

a) Responsabilidad proactiva.
b) Integridad y confidencialidad.
c) Limitación de la finalidad.
d) Licitud, lealtad y transparencia.

9. Conforme al principio de limitación de la finalidad, los datos personales serán recogidos con fines determinados, explícitos y:

a) Limitados.
b) Transparentes.
c) Compatibles.
d) Legítimos.

10. Según el artículo 8.1 de la LO 3/2018, el tratamiento de datos personales solo podrá considerarse fundado en el cumplimiento de una obligación legal exigible al responsable:

a) Cuando así lo prevea una norma de Derecho de la Unión Europea o una norma con rango de ley.
b) Cuando el tratamiento se considere una misión realizada en interés público.
c) Cuando se trate del ejercicio de poderes públicos conferidos al responsable.
d) Cuando el responsable sea un órgano u organismo público.

11. Conforme al artículo 9 de la *LO 3/2018, de 5 de diciembre, de Protección de Datos Personales y garantía de los derechos digitales*, cuál de los siguientes tratamientos de categorías especiales de datos fundados en el Derecho español deberá estar amparado en una norma con rango de ley:

a) El interesado dio su consentimiento explícito para el tratamiento de dichos datos personales con uno o más de los fines especificados.
b) El tratamiento es necesario para el cumplimiento de obligaciones y el ejercicio de derechos específicos del responsable del tratamiento o del interesado en el ámbito del Derecho laboral y de la seguridad y protección social.
c) El tratamiento es necesario para proteger intereses vitales del interesado o de otra persona física, en el supuesto de que el interesado no esté capacitado, física o jurídicamente, para dar su consentimiento.
d) El tratamiento es necesario por razones de interés público en el ámbito de la salud pública, como la protección frente a amenazas transfronterizas graves para la salud, o para garantizar elevados niveles de calidad y de seguridad de la asistencia sanitaria y de los medicamentos o productos sanitarios.

12. Señalar la opción incorrecta. Conforme al artículo 11.3 de la LO 3/2018, la información básica que el responsable del tratamiento ha de facilitar al afectado, cuando los datos personales se hayan obtenido de éste, debe contener obligatoriamente:

a) La finalidad del tratamiento.
b) La identidad del responsable del tratamiento y de su representante, en su caso.
c) La posibilidad de ejercer los derechos establecidos en los artículos 15 a 22 del RGPD.
d) Las categorías de datos objeto de tratamiento.

13. Según el artículo 7.1 de la LO 3/2018, el tratamiento de los datos personales de un menor de edad únicamente podrá fundarse en su consentimiento cuando sea mayor de:

a) 12 años.
b) 13 años.
c) 14 años.
d) 16 años.

14. Según el Reglamento General de Protección de Datos, cuando los datos personales no se hayan obtenido del interesado, el responsable del tratamiento le facilitará, entre otras informaciones, los fines del tratamiento a que se destinan los datos personales, así como la base jurídica del tratamiento. El responsable del tratamiento facilitará la información dentro de un plazo razonable, una vez obtenidos los datos personales, y a más tardar dentro de:

a) 10 días hábiles.
b) 20 días.
c) 1 mes.
d) 3 meses.

15. Conforme al RGPD, el interesado tendrá derecho a obtener del responsable del tratamiento la limitación del tratamiento de los datos cuando el responsable ya no necesite los datos personales para los fines del tratamiento, pero el interesado los necesite para:

a) La formulación, el ejercicio o la defensa de reclamaciones.
b) Verificar la exactitud de los mismos
c) Incorporarlos a sus archivos personales.
d) Proceder él mismo a su destrucción.

En MADTEST tienes **más preguntas de este tema**, y todos tus avances quedan registrados y se reflejan en el ranking.

¡Supera tus límites con MADTEST!

Solución al test n.º 25

1. d) Principio de minimización de datos.

2. d) Transparente.

3. a) Actualizados.

4. a) Hubiesen sido obtenidos por el responsable directamente del encargado.

5. c) Los responsables y encargados del tratamiento de datos así como todas las personas que intervengan en cualquier fase de este.

6. c) Inequívoca.

7. a) Será preciso que conste de manera específica e inequívoca que dicho consentimiento se otorga para todas ellas.

8. b) Integridad y confidencialidad.

9. d) Legítimos.

10. a) Cuando así lo prevea una norma de Derecho de la Unión Europea o una norma con rango de ley.

11. d) El tratamiento es necesario por razones de interés público en el ámbito de la salud pública, como la protección frente a amenazas transfronterizas graves para la salud, o para garantizar elevados niveles de calidad y de seguridad de la asistencia sanitaria y de los medicamentos o productos sanitarios.

12. d) Las categorías de datos objeto de tratamiento.

13. c) 14 años.

14. c) 1 mes.

15. a) La formulación, el ejercicio o la defensa de reclamaciones.

TEST N.º 26

Ley de Igualdad entre Mujeres y Hombres y contra la Violencia de Género en Extremadura: Disposiciones Generales. Competencias, Funciones, Organización Institucional, Coordinación y Financiación. Integración de la perspectiva de género en las Políticas Públicas

1. Según la Ley 8/2011 de Igualdad de Extremadura, el principio general de actuación que impone a los poderes públicos de Extremadura, en el marco de sus competencias, la obligación de adoptar medidas específicas a favor de las mujeres para corregir situaciones patentes de desigualdad de hecho respecto de los hombres, que serán aplicables en tanto subsistan dichas situaciones, habrán de ser razonables y proporcionadas en relación con el objetivo perseguido en cada caso, se denomina:

a) La igualdad de oportunidades.
b) El respeto a la diversidad y la diferencia.
c) La igualdad de trato entre mujeres y hombres.
d) Acción positiva.

2. Según la Ley 8/2011, ¿qué medidas se establecen para combatir la violencia de género?

a) Exclusivamente la atención a mujeres víctimas de violencia.
b) Sanciones económicas a los agresores.
c) Sensibilización, prevención y derechos de asistencia, protección y recuperación integral para las víctimas y sus familias.
d) Eliminación de los derechos laborales de los agresores.

3. Las técnicas de análisis y planificación que tienen en cuenta la interacción que se produce entre el género y otros factores de discriminación, con el objetivo de atender a la diversidad de las mujeres, mediante la puesta en marcha de mecanismos antidiscriminación de acción integral, se llaman:

a) La interseccionalidad.
b) La transversalidad.

c) La representación equilibrada.

d) El fomento de la diversidad y la diferencia.

4. Según el artículo 2 de la Ley 8/2011, la ley será de aplicación en el ámbito territorial de la Comunidad Autónoma de Extremadura para los siguientes colectivos salvo uno. Indica cuál:

a) Universidad de Extremadura.

b) Todas las entidades que realicen actividades educativas y de formación cualquiera que sea su tipo, nivel y grado.

c) Las Fuerzas Armadas.

d) A las entidades privadas que suscriban contratos o convenios de colaboración con las Administraciones Públicas de Extremadura o sean beneficiarias de ayudas o subvenciones concedidas por ellas.

5. Se entiende que cualquier tipo de trato desfavorable relacionado con el embarazo, la maternidad o la paternidad constituye:

a) Una situación de desigualdad.

b) Discriminación directa por razón de sexo.

c) Discriminación indirecta.

d) Acoso por razón de sexo.

6. ¿Qué implica la "igualdad de oportunidades" según el artículo 3 de la Ley 8/2011?

a) Adoptar medidas para garantizar el acceso a derechos y eliminar discriminación.

b) Tratar a todos de manera idéntica en cualquier situación.

c) Promover leyes generales sin intervención específica en desigualdades.

d) Establecer políticas laborales únicamente para mujeres.

7. En virtud del principio de ruptura de la brecha de género en la Sociedad de la Información, el Conocimiento y la Imaginación ¿Qué han de priorizar los poderes públicos extremeños para la supresión de cualquier tipo de discriminación y el fomento de la igualdad entre mujeres y los hombres?

a) Promover el acceso exclusivo de las mujeres a la tecnología.

b) Implementar políticas de discriminación positiva para hombres.

c) Considerar las implicaciones de género en el avance estratégico hacia la igualdad.

d) Establecer cuotas de participación femenina en empresas tecnológicas.

8. ¿Qué se entiende por "acción positiva" en el marco de esta ley?

a) Programas diseñados exclusivamente para mujeres empresarias.

b) Medidas específicas para corregir desigualdades mediante políticas afirmativas.

c) Aplicación de políticas de igualdad solo en el ámbito educativo.

d) Exclusión de hombres en sectores donde predominan las mujeres.

9. ¿Qué principio fomenta la representación equilibrada según la Ley 8/2011?

a) La promoción exclusiva de mujeres en cargos públicos.

b) La imposición de cuotas exclusivamente femeninas en empresas privadas. c) La reducción de la participación masculina en las candidaturas políticas.

d) La paridad de género en órganos de representación y toma de decisiones.

10. ¿Qué se entiende por "discriminación interseccional"?

a) La discriminación basada únicamente en el género.

b) La discriminación que combina racismo y sexismo.

c) La discriminación debida a la orientación sexual.

d) La discriminación causada por el lugar de residencia.

11. Dentro de la Ley 8/2011, la integración de la perspectiva de género en las políticas públicas se contempla en el Título:

a) I.

b) II.

c) III.

d) IV.

12. La incorporación de la perspectiva de la igualdad de género en la elaboración, ejecución y seguimiento de las disposiciones normativas, así como de las políticas y actividades en todos los ámbitos de actuación, considerando sistemáticamente las prioridades y necesidades propias de las mujeres y de los hombres, teniendo en cuenta su incidencia en la situación específica de unas y otros, al objeto de adaptarlas para eliminar los efectos discriminatorios y fomentar la igualdad de género, se denomina:

a) Interseccionalidad.

b) Representación específica.

c) Transversalidad de género.

d) Acción positiva.

13. ¿Qué organismo elaborará normas o directrices en las que se indiquen las pautas a seguir para la realización de la evaluación previa del impacto en función del género?

a) El Instituto de la Mujer de Extremadura.

b) El Consejo Extremeño de Participación de las Mujeres.

c) La Comisión de Impacto de Género de Extremadura.

d) La Junta de Extremadura.

14. Todos los Proyectos de Ley que apruebe el Consejo de Gobierno deben incorporar:

a) Un informe sobre el impacto por razón de género, por parte de quien reglamentariamente se determine.

b) Una discusión parlamentaria con acta de sesión.

c) Una evaluación de la propuesta/proyecto correspondiente.

d) Una norma con las pautas a seguir para realizar una evaluación sobre el impacto por razón de género en diferentes ámbitos.

15. El Plan Estratégico para la Igualdad entre Mujeres y Hombres de la Junta de Extremadura, será aprobado cada:

a) Dos años.
b) Tres años.
c) Cuatro años.
d) Cinco años.

En MADTEST tienes **más preguntas de este tema**, y todos tus avances quedan registrados y se reflejan en el ranking.

¡Supera tus límites con MADTEST!

Solución al test n.º 26

1. d) Acción positiva.

2. c) Sensibilización, prevención y derechos de asistencia, protección y recuperación integral para las víctimas y sus familias.

3. a) La interseccionalidad.

4. c) Las Fuerzas Armadas.

5. b) Discriminación directa por razón de sexo.

6. a) Adoptar medidas para garantizar el acceso a derechos y eliminar discriminación.

7. c) Considerar las implicaciones de género en el avance estratégico hacia la igualdad.

8. b) Medidas específicas para corregir desigualdades mediante políticas afirmativas.

9. d) La paridad de género en órganos de representación y toma de decisiones.

10. b) La discriminación que combina racismo y sexismo.

11. b) II.

12. c) Transversalidad de género.

13. d) La Junta de Extremadura.

14. a) Un informe sobre el impacto por razón de género, por parte de quien reglamentariamente se determine.

15. c) Cuatro años.

Cómo acceder al Curso
Grupo Auxiliar de Función Administrativa
Test del temario

El uso de los códigos **es exclusivo de los compradores de los productos de Editorial MAD**. Cada producto posee un código único y de un solo uso. Es personal e intransferible y da acceso a servicios y contenidos adicionales. Editorial MAD se reserva el derecho de hacer cuantas comprobaciones sean necesarias para identificar al legítimo poseedor del código y dejar de dar servicio a quien haga uso fraudulento del mismo, además de emprender cuantas acciones legales estime oportunas según la legislación vigente.

Deberás acceder a:

mad.es/registro-campus

Si una vez aceptadas las condiciones de uso del Campus decides hacer uso del mismo, necesitarás del siguiente código de acceso junto con los códigos del resto de títulos que se exigen (si fuera el caso):

A12DS8XK9E